Mitologia norrena

Antichi racconti nordici, divinità, leggende ed esseri dalla A alla Z

Dai lettori di Storia Attiva

1

Introduzione

Siete interessati alla mitologia norrena?

Questo libro è la perfetta introduzione all'affascinante mondo della mitologia norrena. Contiene tutte le antiche divinità, i miti, le leggende e il folklore che sono stati tramandati per secoli attraverso la tradizione orale.

La mitologia norrena è un argomento affascinante. Racconta le antiche storie dei Paesi nordici. Questi racconti sono pieni di magia e avventura e offrono una visione unica delle credenze e dei valori del popolo che li ha creati.

Il pantheon norreno comprende figure ben note come Odino, Thor e Loki. Il corpus di conoscenze noto come mitologia norrena è costituito da numerosi testi e poemi, molti dei quali frammentari e risalenti al periodo medievale.

Gli dei norreni usano spesso la magia per raggiungere i loro obiettivi e possono viaggiare in altri regni, come Midgard (il mondo degli umani) e Asgard (la casa degli dei). Gli dèi sono spesso impegnati in conflitti tra loro, oltre che con giganti, nani e mostri.

Anche gli eroi mortali giocano un ruolo importante in queste storie norrene, mettendo alla prova la loro forza e il loro coraggio contro avversità apparentemente insormontabili. Oltre a fornire intrattenimento, queste storie hanno svolto una funzione importante nell'antica società norrena, aiutando le persone a capire il loro posto nel mondo e insegnando loro lezioni preziose sull'etica e la morale.

Con la sua storia ricca e colorata, la mitologia norrena ha ispirato artisti e scrittori per generazioni. Ora potete scoprire voi stessi questo mondo affascinante con il nostro libro.

Tabella dei contenuti

Mitologia norrena

Aesir

La principale razza di divinità, guidata da Odino

Gli Æsir (in norreno antico: Æsir) sono i seguaci di Odino. Secondo Snorri Sturluson, il principale interprete medievale dei miti, Aesir significa "popolo dell'Asia". Si oppongono ai Wanen, che sono visti principalmente come divinità della fertilità. Entrambe queste famiglie di divinità sono sorte dopo che Odino, Vili e Ve hanno creato il mondo. Odino non era ancora soddisfatto, ma lo erano i suoi fratelli, che volevano girare intorno alla loro creazione. Così nacquero le due famiglie di dèi.

Asia

La terra a est del Tanakvísl (Don), in Asia, era conosciuta come Ásaland [terra degli aesir] o Ása-heimr [mondo degli aesir], e la principale fortezza della terra si chiamava Ásgard". (inizio del secondo capitolo della *saga di Ynglinga* di Snorri)

Etimologia

Aesir è plurale, *áss* è singolare, ásynjur è il femminile di aesir, *asynja* è il femminile di áss. Etimologicamente, *áss* sembra derivare dalla radice indoeuropea, che significa "respiro" e può essere associata alla vita e alle forze vivificanti. Un'etimologia divergente associa la parola alla regalità e al "legare gli dei", parallelamente ai termini *bönd* e *höpt*. Somiglia anche all'inglese antico *os* (dio, divinità) e *anses* (semidio).

Æsir e Elfi

Gli aesir sono citati come gruppo anche nel *Thrymskvida*. Sono spesso menzionati in una formula contemporaneamente agli álfar (elfi), come in *Völuspa* (strofa 48): "Che ne è degli aesir,/che ne è degli elfi?". Formule di questo tipo ricorrono anche nel *Grímnismál*, nello *Skírnismál* e nel *LokÆsirna*.

Ása-Thor

Thor è anche Ása-Thor (Thor degli aesir). È l'unico dio il cui nome viene esteso in questo modo e si pensa che per questo motivo fosse considerato il migliore degli aesir.

Causa della guerra

In seguito, ma "all'inizio dei tempi", ci sarebbero stati litigi tra le due famiglie, in parte perché gli Æsir volevano costruire un muro per proteggere Asgard. Gli Æsir non lo volevano perché avrebbe ostacolato il loro libero passaggio (perché gli Æsir si spostavano, non stavano in un posto). Ne seguì una guerra tra gli Æsir e i Wanen. La guerra è nota dal *Völuspa* e dalla *Ynglinga saga di* Snorri nel suo *Heimskringla* e nello *Skáldskaparmál* della sua *Edda*.

Secondo il *Völuspa* (strofa 21-24), quando ella giunse da loro, si dice che gli aesir abbiano trafitto Gullveig (bevanda d'oro o avvelenamento dell'oro, redenzione dell'oro) con lance infuocate e l'abbiano bruciata nella "sala di Hár". Tre volte fu bruciata, tre volte rinacque. Chiamata Heid (forse "radiosa"), era una veggente e una maga che lavorava con il *seid* (arte della profezia, magia) ed era sempre "la delizia di ogni donna malvagia". Gli dei più sacri dovevano decidere se per questo dovevano essere puniti solo gli aesir o tutti gli dei.

Odino scagliò la sua lancia contro l'esercito dei suoi avversari (i *vanir*) e il muro di protezione di Asgard, la fortezza degli aesir, fu infranto. Anche i vanir erano abili in guerra.

Riconciliazione

In seguito, le due famiglie si sarebbero riconciliate e avrebbero creato il Kvasir per aiutarle a mantenere la pace, agendo come mediatore tra le due famiglie. Il Kvasir era il risultato della saliva degli aesir e dei vanir, mescolata in un calderone. Dal Kvasir nacque l'"idromele della poesia", da cui in seguito avrebbero bevuto gli *skalden* (poeti) (da cui forse kvas).

Inoltre, le due famiglie si scambiavano "ostaggi". Alcuni degli Æsir andavano a vivere con i Wanen e viceversa. Ad esempio, Njord con la figlia Freya e il figlio Freyr si trasferirono nell'Asgard, mentre Honir e Mimir, tra gli altri, andarono a viaggiare con i Wanen. Poiché Honir non era in grado di guidare senza consultare Mimir, Mirmir fu decapitato e rimandato agli aesir. Odino riuscì a conservare la testa di Mimir, che gli raccontò molte questioni segrete. Freya insegnò per prima agli aesir l'arte del *seid*.

Dodici Æsir

I dodici principali Aesir sono: Odino, Thor, Baldr, Tyr, Bragi, Heimdall, Hod, Vidar, Vali, Ull, Forseti e Loki.

Asgard

Asgaard (in norreno antico *Ásgarðr*), nella mitologia norrena, è il luogo in cui vivevano gli Æsir e le Asinnen (gli dei), considerato separato dal mondo in cui vivono gli esseri umani (Midgaard) e situato nello spazio o al centro del mondo. Solo l'Yggdrasil mondano pervade tutte le sfere (mondi) della cosmogonia nordica, collegandole così nelle profondità del cosmo.

Asgaard era circondata da un muro insormontabile, costruito da un gigante, dopo la guerra con i Wanen. Vedi anche Svadilfari.

L'unico collegamento tra Midgaard e Asgaard è il ponte Bifröst, un ponte arcobaleno sorvegliato da Heimdall.

Origine e funzione

Asgaard, secondo la mitologia nordeuropea, fu costruita da Odino e dai suoi fratelli con l'aiuto di alcuni Thursen. Ciò avvenne dopo che il mondo primordiale nel Ginnungagap si era formato per azione del fuoco e del ghiaccio e dopo che la maggior parte dei giganti primordiali era morta sacrificando quel mondo primordiale (Ymir).

Il centro di Asgaard è il campo di Iðavöllr. Lì, in quel centro, Odino (o Wodan) fece costruire un palazzo Gladsheimr con un trono per sé Hlidskjalf, da cui può guardare tutti i nove mondi, e altri dodici troni per gli

Æsir che designò a governare con lui. Per le Asinnen fu costruito il palazzo Vingólf e più tardi per gli eroi anche il Valhalla.

Questi sono i luoghi in cui gli dei si riunivano per discutere di cose importanti. Si riunivano anche ogni giorno al Pozzo di Urd, alla base della radice dell'albero del mondo Yggdrasil, per bere la bevanda della saggezza.

Il gigante di pietra Hrimthur costruì il muro con la prospettiva di possedere Freya come moglie e il Sole e la Luna come ricompensa. Su astuto consiglio di Loki, gli Æsir si accordarono con lui affinché l'intera costruzione fosse completata in appena sei mesi, cosa che ritenevano impossibile da realizzare. Hrimthur accettò le clausole, a patto che gli fosse permesso di usare il suo cavallo Svadilfari.
 Con grande sgomento degli Æsir, Hrimthur sembrò riuscire a completare l'opera entro il tempo stabilito, poiché a soli tre giorni dalla scadenza finale mancava solo un arco del cancello. Poi Loki si trasformò in una giumenta e sedusse lo stallone Svadilfari, che scomparve con la giumenta per un po'. (La cavalla partorì poi lo stallone di Odino, Sleipnir). Così il gigante non poté adempiere al suo contratto e, furioso, si fece riconoscere come gigante, dopodiché Thor lo schiacciò con il suo martello magico.

Asgard è una gigantesca fortezza, una sorta di regno celeste, che ha come componente principale i dodici palazzi degli dei di cui parla Grímnismál. Si dice che questi dodici castelli celesti siano fatti d'oro e di pietre preziose, le volte di lance d'oro. Le pareti e i pavimenti sono ricoperti d'oro e sui tetti brillano gli scudi degli eroi al posto del sole e della luna. La dimora di Thor, Thrudheim, non è annoverata tra i castelli celesti, perché è troppo vicina al mondo terreno e segna il confine tra Asgard e Midgard.

I dodici palazzi e i loro *proprietari*

L'ordine è puramente alfabetico:

1. Alfheim, ("*Alfenheim*") Palazzo dei Freyrs
2. Breidablik, ("*Breedglans*") Palazzo Baldrs
3. Folkvangr, ("*Piazza del Popolo*") Palazzo di Freyja con la Sala Sessrumnir
4. Gladsheimr, ("*Mondo della gioia*") Palazzo di Odino con sala Valhalla
5. Glitnir, ("*scintillante*", *radioso*) Palazzo di Forseti
6. Himinbjörg, Palazzo Heimdalls

7. Nóatún, ("*Luogo della nave*") Palazzo Njörðrs
8. Sökkvabekkr, ("*Insenatura profonda*") Il Palazzo di Saga
9. Þrymheimr, Palazzo di Skaði
10. Valaskjálf, Palazzo di Vali con il trono di Odino Hlidskjalf
11. Vidi, Palazzo di Vidar, anche Landwidi ("*larghezza della terra*")
12. Ydalir, Palazzo Ullrs

Audhumia

Si scrive anche Audhambla o Audhumla.

La mucca che ha creato Buri leccando il ghiaccio

Auðumbla (chiamata anche Audhumbla, Audumla o Audhumla) era la mucca primordiale nella mitologia nordica.

Audhumla si formò dal ghiaccio fuso rilasciato quando il ghiaccio di Niflheim e il fuoco di Muspelheim si unirono nel Ginnungagap, il vuoto primordiale. Da quelle gocce di ghiaccio fuso, all'inizio dei tempi, era emerso anche il gigante primordiale Ymir, che bevve dai quattro rivoli di latte che sgorgavano dalle sue mammelle, nutrendosi del salato delle pietre mature. Leccando il ghiaccio salato, liberò in tre giorni il gigante Buri, il padre primordiale degli dei. Il figlio di Buri era Borr, il padre di Odino, Vili e Ve. I tre fratelli crearono il mondo sacrificando Ymir.

Álfheimr

Nella mitologia nordica, **Alfheim** (o in norreno antico **Álfheimr**, che significa casa degli elfi) è uno dei nove mondi che circondano Yggdrasil.

Si trova al secondo livello più alto dell'albero della vita Yggdrasil, così come Musspelheim (dimora dei giganti del fuoco). L'unico mondo più alto è Asgard, patria delle ceneri.

Alfheim è abitata dagli *elfi della luce* e dal dio Freyr, che governa questo mondo.... Egli aveva ricevuto Alfheim come dono dentale e vi possiede un grande e potente palazzo. Poco altro si sa di Alfheim, poiché questo mondo non compare in molte storie.... Gli Alves non hanno un ruolo importante nella mitologia nordica, ma lo hanno in molte altre culture, come le saghe e le leggende celtiche e medievali.

Balder

Si scrive anche Baldur o Baldr.

Dio della bellezza, dell'amore, della purezza, della pace, della rettitudine

Baldr o **Balder** è un dio Æsir della mitologia nordica. Era soprannominato il Bello e il Buono.

Baldr è figlio del dio Odino e di sua moglie, la dea Frigg, e viveva nel palazzo di Breidablik insieme a sua moglie Nanna. Finché viveva, il palazzo in cui abitava diffondeva luce sulla terra. Pertanto, Baldr era anche onorato come dio della luce e della primavera, della saggezza e dell'eloquenza. La sua giustizia e il suo buon umore facevano dimenticare a tutti i tempi cupi.

In sogno fu profetizzato che qualcuno avrebbe ucciso Baldr. Pertanto, Frigg fece giurare a tutti di non fargli del male. Sia gli alberi che gli animali dovettero prestare giuramento; nessuno fu dimenticato. Grazie a questa misura, tutti dimenticarono presto la minaccia di morte e tornò la pace. Ma

Loki, il piantagrane, non era soddisfatto. Venne a sapere che il vischio non aveva prestato giuramento e poteva quindi uccidere Baldr. Trasformò il vischio in una freccia e la fece scoccare a Hodr, un fratello cieco di Baldr. Così, l'ignaro Hodr uccise il suo stesso fratello.

Baldr non può andare a Valhöll perché non è morto onorevolmente sul campo di battaglia, quindi deve andare a Hel (Folkvangr, il mondo sotterraneo "ordinario"). Frigg implora tutto il mondo di permettere a Baldr di tornare nel mondo, in modo che possa andare a Valhöll. La condizione di Hel è che allora tutti, senza eccezioni, debbano piangere sulla terra. Tuttavia, c'è un gigante che rifiuta il lutto: è un travestimento di Loki.

Durante il rogo di Baldr, sua moglie Nanna salta sul fuoco, uccidendola e andando con Baldr a Hel. Quando sorgerà il nuovo mondo, Baldr sarà l'essere principale, dopo il Ragnarok.

Baldr è anche colui che la figlia gigante Skadi sperava di poter scegliere tra gli Æsir per compensare la morte del padre. Le fu permesso di vedere solo i piedi dei candidati e scelse tra loro quelli più bianchi. Questi, però, erano quelli del dio del mare Njord.

Culto

Secondo James Frazer (autore di *The Golden Bough* (1890-1922), un'opera molto influente e controversa sui miti e le usanze di molti popoli), esisteva un culto di Baldr: una palizzata che circondava un luogo sacro con una sorta di tempio, con effigi di divinità. La storia di Baldr si presta alla rappresentazione, come le tragedie greche.

C'erano rituali che prevedevano feste del fuoco e sacrifici umani. Il funerale di Baldr, in cui una gigantessa mandò in mare una nave come pira funebre, divenne un simbolo della notte di mezza estate.

Baldr è anche il dio degli alberi: a lui erano dedicate le foreste sacre della Norvegia. Il vischio (un'erba delle streghe), il legno con cui è stato ucciso, cresce raramente su una quercia. Da qui l'interpretazione come segno di un fulmine degli dei, che sacralizza la quercia. I druidi tra i Celti tagliavano questo vischio durante la mezza estate con una falce d'oro. Fraser ne vede le reliquie nel fuoco di San Giovanni. I popoli germanici avevano allora la commemorazione della morte di Baldr.

Bifröst

Nella mitologia nordica, la **Bifröst** (*Strada del Cielo Dondolante*) è il ponte arcobaleno tricolore che collega Asgard e Midgard. È sorvegliato dal sempre vigile Heimdal, che tiene d'occhio il ponte dal suo castello Himinbjörg.

È un ponte infuocato, che crollerà il giorno del Ragnarok: crollerà sotto il peso dei figli di Surt. Tutti gli dèi entrano quotidianamente in questo ponte a cavallo, tranne Thor, che deve camminare perché ha sprecato il suo. Così, ogni volta deve spegnere i suoi piedi nei due fiumi che nascono dalla sorgente di Urd, su cui vivono le Norne e si erge l'albero del mondo Yggdrasil.

Bor

Si scrive anche Bur.

Il figlio di Búri, architetto di Asgard

Bor(r), nella mitologia nordica, è il figlio di Búri. Sposò Bestla, figlia del gigante Bölthorn. Ebbero tre figli: Odino, Vili e Vé.

Bragi
Dio della conoscenza, della poesia, dell'eloquenza e patrono degli skald.

Bragi è il dio poeta della mitologia nordica. È figlio di Odino e Gunnlod.

Quando Odino disse addio a Gunnlod, aveva ancora delle gocce della fucina del poeta sulle labbra. Queste poche gocce furono sufficienti a permeare completamente il bambino che stava già crescendo nel ventre di Gunnlod (dopo aver fatto l'amore con il travestito Odino per tre giorni interi).

Origini etimologiche

Bragi è comunemente associato a *bragr*, che in norreno antico significa "*poesia*", ma anche "*primo responsabile*", "*leader*". Può darsi che il nome del dio sia dovuto a questo, ma può anche essere il contrario, cioè che *bragr* significhi *ciò che Bragi fa*.

Riferimenti letterari dell'Edda

Gylfaginning

Snorri Sturluson scrive nel *Gylfaginning* dopo aver descritto Odino, Thor e Baldr:

Uno si chiama Bragi: è noto per la saggezza e soprattutto per la fluidità della parola e la destrezza con la parola. È il più esperto di araldica, e dopo di lui l'araldica viene chiamata *bragr*, e dopo il suo nome viene chiamato l'*uomo* o la donna *bragr*, che possiede un'eloquenza superiore a tutti gli altri, donne o uomini. Sua moglie è Iðunn.

Skáldskaparmál

Nel suo *Skáldskaparmál,* Snorri scrive:

Come si può descrivere Bragi? Chiamandolo "marito di Iðunn", "primo poeta", "dio dalla lunga barba" (dopo il suo nome un uomo con la barba lunga si chiama Baard-Bragi) e "figlio di Odino".

Solo qui si dice chiaramente che Bragi è figlio di Odino. Egli compare anche in alcune versioni di un elenco dei figli di Odino. Ma "wish son" nella strofa 16 del LokÆsirna potrebbe significare "figlio di Odino" ed è tradotto da Hollander come "parente di Odino". La madre di Bragi non viene menzionata. Se si tratta di Frigg, Frigg si comporta in modo un po' sprezzante al riguardo nel LokÆsirna, nella strofa 27, dove si lamenta del fatto che se avesse avuto un figlio nella sala di Ægirs coraggioso come Baldr, Loki avrebbe dovuto combattere per la sua vita.

La prima parte dello Skáldskaparmál contiene un dialogo tra il dio gigante Ægir e Bragi sulla natura della poesia, in particolare della poesia skaldica. Bragi parla dell'origine dell'idromele del poeta dal sangue di Kvasir e di come Odino ne sia entrato in possesso. Discute poi di varie metafore poetiche note come *kennings*.

Nello stesso poema, tuttavia, è Bragi che inizialmente impedisce a Loki di entrare nella sala dove si sta svolgendo la festa degli dei, ma viene annullato da Odino. Loki saluta quindi tutti gli dei e le dee presenti nella sala, tranne Bragi. Bragi offre generosamente la sua spada, il suo cavallo e un anello da braccio come dono di pace, ma Loki risponde accusando Bragi di codardia e dice che sarebbe il più spaventato a combattere con tutti gli Æsir e gli Elfi presenti nella sala. Bragi risponde che se si trovassero fuori da questa sala, che è un santuario, prenderebbe la testa di Loki, ma Loki ripete angosciosamente l'accusa. Quando poi Iðunn tenta di placare Bragi, Loki procede ad accusarla di aver abbracciato l'assassino di suo fratello, una questione che non è entrata nella tradizione fino ai nostri giorni. È possibile che Bragi abbia fatto cadere il fratello di Iðunn o che si riferisca a qualcosa di completamente diverso.

Sigrdrífumál

Un passaggio del poema *Sigrdrífumál dell'*Edda descrive come le rune siano incise sul sole, sulle orecchie dei licheni solari e sugli zoccoli degli altri, sui denti di Sleipnir, sugli artigli dell'orso, sulle fauci dell'aquila, sugli artigli del lupo e su molte altre cose, compresa la lingua di Bragi. Queste rune vengono poi rasate e inviate al mondo esterno mescolate con l'idromele, in modo che gli Æsir ne ricevano un po', gli Elfi un po' e gli Umani un po'. Si tratta quindi di rune di faggio e rune di nascita, rune di birra e rune magiche. Il significato di tutto questo è oscuro.

Eiríksmál

Nell'epopea dell'*Eiríksmál*, Odino viene a sapere dell'arrivo nel Valhalla del re di Norvegia Eirik Bloodaxe e del suo esercito. Chiede agli eroi Sigmund e Sinfjötli di alzarsi per salutarlo. Nel poema eroico *Hákonarmál, è* Hákon il Buono che viene portato nel Valhalla dal camminatore Göndul e Odino invia Hermóðr e Bragi a salutarlo. In questi poemi, Bragi può essere un dio o un eroe morto nel Valhalla. È difficile da capire, soprattutto perché anche *Hermóðr* sembra essere a volte il nome del dio e a volte quello di un eroe. Potrebbe trattarsi di un parallelo con il passo del LokÆsirna in cui è Bragi a parlare per primo a Loki quando questi tenta di entrare nella sala. Forse era consuetudine che persone eloquenti e abili nell'arte skaldica facessero anche il discorso di benvenuto a chi entrava in una sala, così come era anche usanza germanica brindare a qualcuno.

Identificazione con Odino stesso

Secondo il professore francese di lingue e civiltà scandinave alla Sorbona Régis Boyer, la figura di Bragi potrebbe essere uno pseudonimo dello stesso Odino, poiché entrambi sono alla base della poesia. (Régis Boyer, *Héros et dieux du Nord : guide iconographique*, Paris, Flammarion, 1997. 185 p. Tout l'art. Enciclopedia. ISBN 2080122746). Come spesso accade nei sistemi politeistici, un dio è presente in molti aspetti sotto forma di altre divinità. Questo rende anche l'immensa ricchezza del politeismo in sfaccettature, sfumature e concetti.

Bragi Boddason

Snorri Sturluson distingue chiaramente tra lo skald mortale Bragi Boddason e il dio Bragi. L'apparizione di Bragi nel *LokÆsirna* suggerisce che, anche se in origine i due erano uguali, sono diventati distinti l'uno dall'altro anche per questo autore, oppure che la cronologia è stata molto confusa e anche Bragi Boddason è stato relegato al tempo mitologico. La cronologia leggendaria si confonde spesso. Nel XIX secolo, la questione se Bragi sia apparso per la prima volta come dio o come edizione divinizzata del poeta Bragi Boddason è stata ampiamente dibattuta. Vi parteciparono soprattutto gli studiosi tedeschi Eugen Mogk e Sophus Bugge. Il dibattito rimase indeciso.

Brynhild

Una donna guerriera, una delle Valchirie e figlia di Odino.

Brünnhilde (chiamata anche Brynhildr, Brunhild o Brynhild) è una fanciulla dello scudo e una Walkure nella mitologia germanica. Brynja significa cotta di maglia in islandese. Brünnhilde compare, tra l'altro, nella Völsunga saga e in alcuni poemi dell'Edda. Compare anche nella *canzone dei Nibelunghi* e nell'opera di Richard Wagner *Der Ring des Nibelungen*.

Nel Sigrdrífumál, "il canto di Sigrdrifa", Sigurd e Sigrdrifa, Brünnhilde nelle vesti "soprannaturali" di walkure, si incontrano per la prima volta. Sigurd la libera dal sonno. Odino aveva trafitto Sigrdrifa con la spina del sonno perché lei aveva abbattuto Gunnar con l'elmo, avversario di Agnar, mentre Odino gli aveva concesso la vittoria. Sigurd la libera dal mantello di cotta, che sembra essersi fuso con la sua carne, dopodiché si risveglia. Si giurano reciprocamente fedeltà e promettono di sposarsi. Sigurd le regala l'anello del nano Andvari, che è stato maledetto a sua insaputa. Durante questo primo incontro deve essere stata concepita la figlia Aslaug. Più tardi, alla corte di Heimir, i due si rivedono. Heimir ha sposato Bekkhild, sorella di Brünnhild, ed è il padre adottivo di Brünnhild. Budli è suo padre e Atli suo fratello. Essi appartengono, secondo lo Skaldskaparmal, ai Budlingen, una dinastia che ha come capostipite (un precedente) Budli. Budli è figlio di Halfdan il Vecchio.

Brísingamen

Il Brinsingamen, nella mitologia nordica, era una collana realizzata dai nani.

Freya, che amava la bellezza, doveva avere questa collana ad ogni costo. Per averla, andò a letto con i quattro (orrendi) nani che avevano realizzato la collana. Il Brinsingamen era il suo bene più prezioso.

Buri

Dio degli dei

Nella mitologia nordica, **Búri** è il secondo gigante primordiale (accanto a Ymir). Búri è stato estratto dalla massa di ghiaccio stagnante originaria dalla mucca primordiale Audhumbla. Búri è il padre primordiale sia di tutti i giganti che degli dei (Æsir e Wanen).

Da lui discendono Borr (o *Bor*) e Bestla, da cui i precursori degli Æsir (Odino) e Wanen (Vili) e Ve.

I versi seguenti si possono leggere nel Gylfaginning della Prosa-Edda di Snorri Sturluson:

Búri non è menzionato da nessuna parte nell'Edda poetica e solo una volta nel corpus skaldico. Nello *Skáldskaparmál,* Snorri Sturluson cita il seguente verso dello skald Þórvaldr blönduskáld del XII secolo.

Draugr

Il **draugen** (norreno antico: *draugr*, islandese: *dragur*, faroese: *dreygur*, norreno, svedese e danese: *draugen*) è una creatura non morta della mitologia nordica che infesta la propria tomba e di solito protegge un tesoro. Il termine deriva dal proto-indoeuropeo *droughos, "fantasma", dalla radice *dreugh-, "ingannare"; si confronti l'olandese *gedrocht*.

Caratteristiche

Secondo antiche leggende, è così nero da far male agli occhi. I quattro occhi bianchi non hanno pupille. Il draugen è onnisciente.

Leggenda

Diverse persone hanno cercato di domare i draghi, ma ognuno di loro è stato trovato senza memoria.

Draupnir

Draupnir è un anello d'oro da braccio posseduto da Odino, il più alto Ase della mitologia nordica. Questo anello era una fonte di ricchezza infinita, perché ogni nona mattina secerneva otto nuovi anelli d'oro, proprio come lui.

Draupnir fu forgiato dai fratelli nani Brokkr ed Eitri (o Sindri). Il nome significa *"gocciolatore"*. Questo anello fu realizzato dai nani come uno dei tre doni speciali per gli dei, che comprendevano anche Mjollnir, il martello di Thor, e Gullinbursti, il sempre d'oro di Freyr.

Il motivo della loro realizzazione era una scommessa fatta da Loki per sfidarli a farlo. Quando poi Loki perse la scommessa, perché i nani erano riusciti a realizzare le opere d'arte, quest'ultimo non riuscì a mantenere la promessa fatta ai Figli di Ivaldi (aveva scommesso la sua testa) e fu punito per questo: le sue labbra furono unite con del filo di ferro.

L'anello fu posto sulla pira da Odino durante il rogo del cadavere del figlio Baldr, ucciso.

L'anello fu poi ritirato da Hermóðr. Fu offerto in dono a Gerd dal servo di Freyr, Skirnir, quando il dio della fertilità la corteggiò, come descritto nella canzone eddica *Skírnismál*.

Draupnir è anche il nome di un nano nominato nel *Völuspá*.

Eitr

L'Eitr è una sostanza fittizia nella mitologia nordica. Questa sostanza liquida è l'origine di tutte le entità viventi. Il primo gigante Ymir fu creato dall'eitr. La sostanza è considerata altamente tossica in quanto prodotta anche da Jörmungandr (il serpente di Midgard) e da altri serpenti.

Etimologia e significato

La parola **eitr** esiste nella maggior parte delle lingue nordiche (tutte derivate dal norreno antico) in danese *edder*, in svedese *etter*, in tedesco *Eiter* (lett. *etter*), in sassone antico ĕttar, in inglese antico ăttor e in olandese *ether*. Il significato della parola è molto ampio: *volatile, velenoso, malvagio, cattivo, furioso, sinistro,* ecc.

Nel folklore scandinavo comune è usato come sinonimo di veleno di serpente. L'ultima riga della strofa del Vafþrúðnismál in cui Vafþrúðnir dice: "è per questo che ci arrabbiamo così facilmente", è un gioco di parole con il significato della parola *eitr*, che significa anche *rabbia/rabbia* (come "*avvelenare una relazione*").

Elivágar

Nella mitologia nordica, a Niflheim c'era una sorgente, Hvergelmir o il
Calderone Scrosciante. Da questa sorgente sgorgavano undici ruscelli,
che portavano il nome collettivo di **Elivágar** (onde di tempesta), e
singolarmente si chiamavano Svöl, Gunurd (Gunnthra), F(j)orm,
Fimbul(thul, Þul), Slíd, Hríd, Sylg, Ylg, Víd, Leiptr e Gjöll, con Gjöll vicino
al punto più basso, Niflhel (inferno oscuro).

Quando i fiumi velenosi scorrevano lontano dalla loro sorgente, si
trasformavano in ghiaccio e nel Ginnungagap crescevano strati su strati di
ghiaccio. A nord c'era il ghiaccio di Niflheim (mondo oscuro) e a sud il
fuoco di Muspellsheim. Dove il gelo e il calore si univano, si formavano
gocce e la vita iniziava grazie al potere del calore. In questo luogo
apparve la figura del gigante primordiale Ymir.

Fenrir

Fenrir (o **Fenrisulfr** o **Fenries**) è il figlio (di mezzo) del dio dell'inganno
Loki e della gigantessa Angrboda. È il fratello di Hel, la dea degli inferi, e
di Midgardsorm, il serpente di Midgaard. Fenrir non era né uomo né dio,
ma assomigliava a un piccolo cane quando era giovane e Odino lo portò
nell'Asgaard dove vivevano gli æsen, i seguaci di Odino. Tutte le profezie
dicevano che Fenrir sarebbe diventato un problema per gli æsen.

Si trasformò in un lupo gigante con terribili mascelle e fu ritenuto malvagio.
Inoltre, non solo era forte, ma aveva anche ereditato l'astuzia di Loki. Alla
fine osò minacciare persino gli æsen.

A un certo punto era diventato così ingestibile che gli dèi, tra di loro,
escogitarono un piano per legarlo. Prima fu fatto un tentativo con la catena
Lœðing, ma si ruppe. Poi fu recuperata una catena due volte più forte, la
catena *Drómi*, ma anch'essa era troppo debole.

Infine, Odino inviò il messaggero di Freyr, Skírnir, dagli svartalvene (elfi
neri, detti anche elfi della notte) per far realizzare una collana speciale.
Questa doveva essere così forte che nemmeno Fenrir sarebbe stato in
grado di romperla. Ne venne fuori una collana molto raffinata, la Gleipnir,
sottile e morbida come una corda di seta. Il Gleipnir era composto da sei
ingredienti che oggi nessuno riesce a trovare: il respiro del pesce, la barba
di una donna, la saliva di un uccello, le radici della montagna, il rumore
delle zampe di un gatto e i tendini di un orso.

Gli æsen intrappolarono Fenrir sulla piccola isola di Lyngvi nel lago
Ámsvartnir (nero come la pece). Hanno fatto una scommessa con lui:
Fenrir sosteneva di essere così terribilmente forte che volevano vederne
la prova. Lo avrebbero legato e Fenrir avrebbe dovuto rompere le catene.
Se avesse fallito, sarebbe stato così debole che non avrebbero dovuto
temerlo e lo avrebbero liberato.

Fenrir, tuttavia, aveva poca fiducia nell'æsen. Pretese che qualcuno
mettesse la mano nella sua bocca, come "garanzia". Solo Týr, il dio della
guerra, osò farlo. Týr mise la sua mano destra nella bocca di Fenrir e,
quando il lupo non riuscì a spezzare le catene, morse la mano di Týr nel
tentativo di liberarsi. Così Týr perse la mano destra.

L'estremità libera di Gleipnir, Gelgia, fu spinta attraverso un'enorme
roccia, Gjoll, che fu conficcata in profondità nella terra. Con l'enorme
roccia Thviti, Gjoll fu spinto ancora più in profondità nella terra.

Fenrir sussultò di fronte all'æsen; gli misero una spada nella bocca con la punta sollevata in modo che non potesse mordere. La sua bava creò il fiume Ván (speranza).

Solo alla fine del mondo, durante il Ragnarok, Fenrir si libererà e sarà ucciso dal figlio di Odino, Vidar, che vendicherà il padre.

Fimbulwinter

Nella mitologia nordica, **Fimbulvetr** (*inverno trascinante*), anche *Fimbulwinter*, è l'inverno che precede la Grande Guerra, il Ragnarok (il crepuscolo degli dei nella mitologia germanica).

Caratteristiche di Fimbulvetr

Nell'Edda poetica, il Canto di Vafþrúðnir è considerato sinonimo di rovina del mondo: in questo inverno, tutti i giuramenti degli uomini sarebbero stati infranti, tutti i legami familiari sarebbero stati privi di significato, le figlie avrebbero odiato le loro madri, gli onorevoli sarebbero stati sciocchi e gli onesti si sarebbero trasformati in bugiardi. Ci saranno poi innumerevoli guerre e i fratelli uccideranno i fratelli.

Il Fimbulwinter dura tre anni, poi Heimdal suona il corno di Gjallar quando i Giganti (Thursen e Jötun) sfondano il bastione protettivo, mentre i morti salpano da Nástrond con Naglfar e i seguaci di Surt entrano nel ponte arcobaleno Bifrost. Per tutti, il suono di questo corno arresta il respiro; tutti ora sanno che la battaglia finale è iniziata.

Il Fimbulwinter dura tre inverni consecutivi in cui la neve arriva da tutti i lati, senza interruzioni estive.

Ortografia originale

In norreno antico, l'ortografia originale della parola è **Fimbulvintr** (Danimarca e Svezia) o **Fimbulvetr** (Islanda e Norvegia). Il significato di *fimbul* è *grande*, *grandioso*, quindi l'interpretazione corretta della parola è "il grande inverno".

Significato

In Svezia e Norvegia e in altri Paesi nordici, il termine **fimbulwinter** viene usato occasionalmente anche per indicare un inverno estremamente rigido con quantità di neve eccezionalmente elevate.

Secondo alcune speculazioni popolari, questo concetto mitologico sarebbe legato al cambiamento climatico avvenuto nelle terre nordiche alla fine dell'età del bronzo nordica, intorno al 650 a.C.. Prima di questo cambiamento climatico, le terre nordiche erano notevolmente più calde.

Ma si tratta di un concetto mitologico che può essere stato rappresentato in questa forma "locale", ma che si riferisce a un evento cosmico molto più ampio, paragonabile al concetto indiano di Kali Yuga o a quello che nella nostra cosmologia viene oggi definito il crack finale.

Folkvangr

Un campo governato dalla dea Freyja

Nella mitologia nordica, **Folkvangr** (*piazza popolare* in norreno antico) era la dimora di Freya ad Asgaard. Secondo le fonti, questa era una terra idilliaca dove si trovava anche Sessrumnir. L'estrapolazione da queste fonti (in particolare dal Gylfaginning) implica che lì venivano continuamente suonate canzoni d'amore. Ma Freya era anche colei che riceveva la metà dei caduti in battaglia. Di conseguenza, il suo soggiorno ha anche una connotazione marziale.

Forseti

Dio della giustizia

Forseti nella mitologia è un dio nordico dedicato alla giustizia. Si ipotizza che il culto nordico del dio sia quello dell'antico norreno **Forseti**.

Con il nome di *Forseti,* il dio svolge un ruolo nella mitologia nordica come una delle dodici divinità Æsir, soprattutto come dio della legge, della pace e della verità. È figlio di Baldur e Nanna. Nel dio del cielo Asgaard, ha un palazzo o sala Glitnir, che significa "splendente" e si riferisce al tetto d'argento e ai pilastri d'oro che potevano essere visti da grande distanza. In norreno antico, il nome significava "presidente", e la parola ha il significato di presidente in islandese e faroese moderno.

Forseti era considerato il dio più saggio ed eloquente di Asgaard. A differenza del suo parente Týr, che giudicava i crimini più gravi, Forseti negoziava e decideva le controversie più piccole. Nella sua sala forniva giustizia a chiunque glielo chiedesse e si sosteneva che il suo giudizio fosse sempre considerato equo da tutte le parti. Come suo padre Baldur, era un dio gentile che sosteneva la pace e quindi chiunque seguisse il suo giudizio poteva vivere in sicurezza. Forseti era tenuto in così alta considerazione che solo i giuramenti più solenni venivano pronunciati in suo nome.

Non è menzionato come guerriero nel Ragnarok e si presume che non partecipasse agli affari marziali in quanto dio della pace. Un fattore potrebbe essere il fatto che la versione sopravvissuta del Ragnarok appartiene alla mitologia nordica.

Frey

Dio dell'agricoltura, della prosperità, della vita e della fertilità

Freyr, chiamato anche *Frey*, *Frø*, *Fricco Froði* (*Froðr* in norreno antico significa *fertile*, *saggio*) e *Yngvi-Freyr*, è il dio fallico nordico della sessualità maschile. È fratello gemello della dea *Freya*, una forma successiva della grande dea *Frigg*.

Il suo nome significa *signore*, così come il nome di Freya significa *signora*, in relazione al nome della dea indiana *Priya*, il cui nome significa anch'esso signora. Un nome della dea indù dell'amore Lakshmi è "Haripriya" (amata da Hari).

Origine etimologica

Freyr significa *Signore* (in antico alto tedesco *fro*) e quindi non è un nome, ma un titolo. Forse era un nome tabù per un dio di cui non conosciamo il nome effettivo.

Appare per la prima volta nel capitolo 10 dell'Ynglingasage, con il nome di Yngvi da cui si dice discenda la casa reale svedese (gli Ynglinge), e nel capitolo 11 come padre di Fjölnir con il nome di Yngvi-Freyr. Etimologicamente, la denominazione della tribù germanica *Ingaevonen* è

38

collegata. La contrazione risalirebbe quindi al germanico antico *Ingwia-fraujaz* (= signore degli Ingaevon).

La città di Forrières, nelle Ardenne belghe, deve il suo nome a questa divinità, così come la foresta poco più a est che si chiama ancora *Forêt de Freyr*. A Dinant, una roccia per l'arrampicata prende il nome da Freÿr, con una trema che sottolinea la pronuncia.

La genealogia

Freyr si riferisce a una divinità appartenente alle Delusioni. Suo padre è Njord, che Freyr generò in una relazione incestuosa con la sorella Freya. In seguito, con la gigantessa Gerdr, Freyr ebbe un figlio, Fjölnir, che, secondo la saga, divenne il vittorioso re di Svezia.

Come dono dentale, a Freyr fu assegnato Alfheim, il mondo dei fertili spiriti della natura, gli Alven.

Ha Skírnir, Byggvir e Beyla in servizio permanente.

Edda

Una volta Freyr si era seduto sul trono di Odino, Hlidskjalf, da cui si ha una vista su tutti i nove mondi. Il suo sguardo cadde su una gigantessa di meravigliosa bellezza, la figlia Gerdr, a Jötunheim. Mandò Skirnir alla gigantessa.

Per averla, secondo lo Skírnismál, dovette dare in pegno la spada al padre di lei. Così perse la meravigliosa spada che era in grado di colpire da sola per sempre. Per questo motivo, utilizzò una spada sostitutiva fatta di corno di cervo con la quale riuscì ad abbattere molti giganti, ma che non gli servì per respingere il gigante del fuoco Surt alla fine dei tempi.

Attributi

I suoi attributi più noti sono:

- La nave Skíðblaðnir, che i nani avevano costruito per lui. La nave aveva sempre un vento favorevole nelle sue vele e ospitava tutti gli dèi, in armatura completa. Eppure la nave era fatta così ad arte che poteva stare piccola piccola ripiegata in una borsa.

- Il cinghiale d'oro Gullinbursti ("setole d'oro"). Il cinghiale poteva correre nell'aria e attraversare il mare più velocemente di un cavallo e poteva illuminare anche la notte più buia.
- La sua spada auto-impugnante, che aveva consegnato al suo servitore Skirnir quando quest'ultimo si era recato a far visita alla gigantessa Gerðr perché la accoppiasse con Freyr.

Nel mondo nordico, Freyr è spesso raffigurato come un uomo barbuto con attributi virili decisamente sproporzionati. Secondo alcuni autori, si tratterebbe quindi di una divinità *fallica*, come confermato dai ritrovamenti archeologici. Spesso è stato rappresentato semplicemente come un fallo benedicente e protettivo, come nel caso del dio indiano Shiva sotto forma di lingam.

Funzione

La pace e la fertilità sembrano essere state strettamente legate nella religione nordica. Le offerte con cui si sperava di invocare la fertilità e la pace venivano spesso fatte allo stesso tempo, ed era considerato uno dei compiti speciali degli dei della fertilità mantenere la pace tra i popoli. Nei templi di Freyr, quindi, era vietato portare armi e nei suoi luoghi sacri c'era un tabù sullo spargimento di sangue reciproco. Secondo Adam di Brema, ogni nove anni si tenevano delle celebrazioni durante le quali si svolgevano sacrifici umani e animali.

Freyr occupava una posizione così importante tra gli dei che la sua statua nel grande tempio di Uppsala si trovava accanto alle statue di Odino e Thor.

Culto

Per la sua posizione di dio della fertilità, era particolarmente venerato dai contadini, che erano il gruppo più numeroso della popolazione.

Secondo Snorri Sturluson, sia Freyr che sua sorella Freya erano di una bellezza abbagliante e di un potere inimmaginabile. Il culto di Freyr aveva una forte somiglianza con quello della sorella Freya, che governava la lussuria sessuale e di cui si sa molto. Sappiamo che Freyr era ampiamente venerato, ma a parte alcune vaghe impressioni sui rituali, le conoscenze sul suo culto sono andate perdute.

Freyr era associato ai cavalli che, a giudicare dalle leggende, gli venivano anche sacrificati. I cavalli erano animali sacrificali popolari all'epoca delle

migrazioni e il loro ruolo nel culto di Freyr potrebbe risalire a quel periodo.
L'importanza del culto dei cavalli è testimoniata dalle ossa e dalle pelli
trovate nei siti di culto svedesi. Tali reperti sono stati rinvenuti anche nelle
tombe vichinghe, soprattutto nei vasi funerari.

Riti del sesso

Oggi i ricercatori ritengono generalmente che la fertilità fosse parte
integrante della società vichinga e il reperto più famoso che dimostra i riti
ad essa associati è una statuetta trovata a Rällinge, in Svezia, all'inizio del
XX secolo.Inoltre, Adam van Bremen parla del simbolo del fallo, la
statuetta di Freyr, che si trovava nel tempio di Uppsala e dei canti rancidi
che venivano intonati durante i rituali. Nel *Völsa þáttr* si parla
dell'adorazione di un fallo di cavallo da parte di una famiglia pagana, e
questo racconto è legato a un antico rituale sacrificale indo-ariano.

Nella descrizione di Ibn Fadlan della sepoltura di un capo scandinavo sul
Volga, una schiava che doveva essere sacrificata doveva essere
sottoposta a diversi rituali sessuali.

Freya

Freya, scritto anche Freyia, Freyja o Frea.

Dea della fertilità, dell'amore, della bellezza, della magia, della guerra e della morte.

Freya, chiamata anche **Frea** o **Freyja**, è la dea nordica della fertilità, dell'amore e della lussuria.

Freya era bella e potente (una donna del genere è chiamata *frova*). Allo stesso tempo, era anche una combattente. Di tanto in tanto partecipava a qualche battaglia. Quando si trattava di farlo, si lanciava in battaglia con lo stesso fuoco di una Walkure. Questo è anche il motivo per cui Freya è talvolta considerata il capo dei Walkure, ma è Odino al cui servizio essi sono.

Freya, secondo i popoli germanici, era il più bello di tutti gli dei e le dee.

Attributi

Freya possedeva molti attributi per una dea nordica. Il più famoso di questi è la collana Brisingamen. Nel Flateyjarbók è stata tramandata la storia di come Freya acquistò questo gioiello: gli artefici di questa collana erano quattro nani. Questi nani le chiesero di passare una notte con ciascuno di loro in cambio del gioiello, cosa che lei accettò. Il Flateyjarbók fu scritto nel XIV secolo da due sacerdoti cristiani. C'è quindi motivo di dubitare che sia una rappresentazione veritiera delle storie raccontate nei tempi precedenti al cristianesimo.

Esiste anche un'interpretazione moderna di questa storia: ognuno dei nani simboleggia uno dei quattro elementi. Unendosi all'essenza di ciascuno di questi elementi, Freya ottenne la saggezza e la forza simboleggiate da Brisingamen.

Un altro attributo molto famoso di Freya sono i suoi gatti della foresta, che trainano il suo carro. Questi animali sono quasi sempre raffigurati con Freya. Questi gatti della foresta, che erano considerati i suoi animali domestici, simboleggiavano la magia di cui Freya era anche la dea. Un gatto della foresta è nero e l'altro bianco. Più tardi, al tempo dei cristiani, Freya fu affascinata e i suoi gatti della foresta furono considerati forze maligne. Questo è solo il gatto nero della foresta; il gatto bianco è stato omesso dai cristiani. Questo è anche il motivo per cui un gatto nero è considerato magico.

Freya aveva anche un altro attributo che simboleggiava la sua magia: un mantello fatto di piume di aquila o di falco. Con questo poteva trasformarsi in uccello in qualsiasi momento. Nella Þrýmskviða, presta questo indumento a Loki, permettendogli, vestito da servo di Freya, di accompagnare Thor dal gigante Thymr.

Per i Vichinghi, le Pleiadi erano le galline di Freya (anche in altre culture del Nord Europa, come l'inglese antico e il tedesco antico, questo gruppo di stelle è rappresentato come una gallina con dei pulcini).

Parentele

Freya è in origine uno dei Wan. Si tratta della famiglia di divinità più terrena, oltre agli Æsir, che sono divinità atmosferiche. A volte viene identificata con Frigg, moglie di Odino (chiamata anche Frigga, Frija o Fricka), la dea nordica della fertilità, che ha più o meno le stesse responsabilità. Tuttavia Freya vive ad Asgard, la terra degli dei norreni della natura e della fertilità.

Freya è la figlia del dio della navigazione Njord. Il dio Freyr (o Frey) è suo fratello gemello. Anche se si ipotizza che Freyr sia semplicemente la forma maschile di Freya. Nella mitologia germanica/nordica, forme o generi diversi di una stessa divinità ricorrono più spesso. Si pensi, ad esempio, a Odino o Loki che si manifestano in molte forme e generi diversi.

Freya è sposata con Odr, da cui ha due figlie, Hnossa ("gioiello") e Germesie.

43

Miti

Esistono anche dei miti su questa dea. Per esempio, Freya ha avuto un ruolo importante nel noto mito del martello Mjölnir, che fu rubato dal gigante Þrymr e chiese la mano di Freya come riscatto. Freya, però, non lo volle e così Thor dovette recuperare il Mjölnir da solo. Thor, travestito da Freya, partì con Loki per incontrare il gigante.

Il gigante se ne accorse, ma Thor riuscì comunque a recuperare il suo martello e a uccidere il gigante.

Aegir deve quindi preparare l'idromele e Loki si comporta in modo scorretto durante la festa, litigando con molti dei e dee presenti. Si prende persino gioco di Wodan, come un vagabondo che gioca con i fantasmi, come fanno le streghe e i maghi. Loki insulta Frigg e Freya, ma ha soggezione di Thor. Loki se ne va come un salmone, ma dice comunque ad Aegir che i suoi beni andranno in fiamme. Gli Æsir riescono poi a catturare Loki e a legarlo.

Esiste anche un mito sul gigante che costruì le fondamenta di Asgard. Si dice che abbia chiesto come salario il sole, la luna e la mano di Freya. All'epoca, questo trio era visto come l'unione delle forze della luce, dell'amore e della crescita. Ma a causa dell'astuzia di Loki, il gigante non riuscì a terminare in tempo il suo muro intorno ad Asgard e, di conseguenza, non ottenne la sua ricompensa. Loki lo fece trasformandosi in una giumenta (cioè, poteva cambiare forma e sesso) per distrarre il cavallo che trasportava le cose del gigante. Dall'amplesso della giumenta (Loki) e del cavallo, secondo i miti, nacque il cavallo a otto zampe di Odino: Sleipnir.

Inoltre, esiste un altro mito che spiega le stagioni. Infatti, Freya era sposata con Odr (Odhur) che amava molto viaggiare. Un giorno lasciò la moglie e i due figli per andare in viaggio. Freya andò allora alla ricerca di Odr e presto arrivò l'autunno e poi l'inverno. Alla fine Freya ritrova Odr sotto un albero di alloro e insieme tornano ad Asgard. Durante il viaggio di ritorno, presto torna la primavera.

Freya come dea della battaglia

Come dea della battaglia, Freya cavalca Hildisvín, il guerriero. In *Hyndluljóð* si racconta che trasformò *Ottar* in un sempre per nasconderlo. Il sempre ha un rapporto speciale con la mitologia del Nord Europa, sia per la sua fertilità che per la sua combattività. Il sempre è stato usato come talismano protettivo in guerra, probabilmente perché i veri sempre possono attaccare con particolare ferocia (soprattutto le femmine che difendono i loro piccoli). In elmi del VII secolo ritrovati in Svezia sono raffigurati guerrieri che indossano grandi evers come segno di riconoscimento dell'elmo. Anche nel Beowulf si dice che il mai sull'elmo serva a proteggere la vita del guerriero che lo indossa.

Alcuni dei prescelti in battaglia vengono chiamati da Freya nel suo castello di Folkvangr, dove hanno una buona vita nell'aldilà. (Da parte sua, Odino sceglie anche i suoi guerrieri prescelti per il suo Valhalla, secondo il *Grímnismál*).

L'associazione di Freya con la morte è accennata nella saga di Egil, quando la figlia Thorgerda (Þorgerðr) minaccia il suicidio dopo la morte del fratello: "Non mangerò finché non mi siederò con Freya".

Omologhi

Freya è considerata la controparte nordeuropea di Venere e Afrodite, sebbene possieda una combinazione di attributi non presente in nessuna mitologia di altri popoli indoeuropei. In questo senso è più vicina alla mesopotamica Ishtar, in quanto coinvolta anche nell'amore e nella battaglia. Alcuni ritengono che sia la più diretta erede mitologica del dio ermafrodita della fertilità Nerthus.

Il venerdì prende il nome da questa dea, anche se c'è una forte affinità di nome con Frigg.

Frigg

Dea dell'amore, del matrimonio, della fertilità, della famiglia, della civiltà, e profetessa

Nella mitologia norrena, **Frigg** (Edda) o **Frigga** (*Gesta Danorum*) era chiamata la "Prima tra le dee", moglie di Odino, regina degli Æsir e dea del firmamento.

Caratteristiche

Come Ásynjur, è la dea o patrona del matrimonio, della maternità, della fertilità, dell'amore e della sessualità, della cura della casa e delle arti domestiche. Tutte queste caratteristiche sono proprie di una dea madre.

La sua funzione principale, espressa nelle storie mitologiche nordiche, è quella di moglie e madre, ma ha molto di più. Ha il potere della profezia, anche se lei stessa non dice ciò che sa, ed è l'unica a cui è permesso di sedere accanto a Odino sull'alto trono Hlidskjalf, da cui si ha una visione completa dell'universo. Insieme al marito, partecipa alla Caccia Selvaggia (Asgardreid).

Frigg scoraggia Odino dal recarsi a Vafthrudnir, vedi Vafþrúðnismál.

I figli di Frigg sono Baldr, Hodr (e in una fonte inglese anche Wecta). I suoi figliastri sono Hermóðr, Heimdall, Týr, Vidar, Váli e Skjoldr. Thor è un suo fratello o un figliastro. La sua fedele compagna è Eir, medico degli Æsir e dea della guarigione.

Le compagne di Frigg sono Hlín (dea protettrice), Gná (dea messaggera) e Fulla (dea della fertilità). Non è sempre chiaro se queste compagne non siano in realtà aspetti di lei stessa (cfr. avatara).

Secondo il poema LokÆsirna, Frigg è figlia di Fjorgyn (versione maschile di "Terra", cfr. versione femminile di Terra: madre di Thor). La madre non è nota nelle storie sopravvissute.

Etimologia

Il nome Frigg significa "amore" o "amata". La parola deriva dal protogermanico *frijjō, cfr. sanscrito priyā "donna cara"). Era conosciuta in molte culture della metà settentrionale dell'Europa, a volte con lievi variazioni di nome: ad esempio, **Frea** nella Germania meridionale, **Frija** o **Friia** nell'antico alto tedesco, **Friggja** in Svezia, **Frīg** (genitivo Frīge) nell'antico inglese e **Frika** nelle opere di Wagner. Le traduzioni moderne cambiano spesso Frigg in *Frigga*. Anche la donna Hollow (che fa la neve rovesciando il cuscino) e Perchta (che controlla la filatura) sono considerate reliquie del concetto di Frigg.

In faroese (la lingua delle Isole Faroe), *friggja* significa "corteggiamento" (come quando si vuole chiedere a qualcuno di sposarsi). Questo indica ancora una volta il legame con il matrimonio e i piaceri coniugali. La nostra parola "fare l'amore" deriva dalla stessa parentela di lingua e significato.

Attributi e residenza

In Scandinavia, la costellazione di "Orione" è nota come "ruota o gonna di Frigg" (*Friggerock*). Alcuni fanno notare che questa costellazione si trova sull'equatore celeste, quindi ruota nel cielo notturno. Questo potrebbe aver fatto scattare l'associazione con l'arcolaio della dea del cielo. Si dice che abbia tessuto o filato le nebbie e le nuvole, vedi anche la Nebulosa di Orione.

La sala in cui Frigg risiede ad Asgaard è Fensalir. Significa "sale della palude". Questo potrebbe indicare che la terra paludosa o fangosa (terra iniziale) era dedicata a Frigg. Ma non si sa nulla di preciso al riguardo. Confrontate la donna della palude e i lupi bianchi.

La dea Sága, descritta mentre beve con Odino da coppe d'oro nella sua sala "Banchi sommersi", potrebbe essere Frigg con un altro nome.

Simboli associati a Frigg:

- Chiavi
- Gonne a ragno
- Bobina
- Vischio

Il legame tra Frigg e Freya

Frigg è la dea suprema degli Æsir, mentre Freya è la dea suprema dei Vanir. Ci sono state diverse argomentazioni a favore e contro l'idea che Frigg e Freya siano in realtà la stessa dea, l'una avatar dell'altra. Alcuni si basano su analisi linguistiche, altri sul fatto che Freya non era conosciuta nel sud, ma piuttosto nell'estremo nord. Inoltre, in alcuni luoghi erano considerate la stessa divinità, in altri diverse:

- Entrambi avevano un mantello di piume d'aquila e potevano cambiare forma.
- Frigg era sposata con Odino
- Freya era sposata con Óðr
- Ognuno di loro aveva una collana speciale
- Entrambi avevano una personificazione della Terra come genitore
- Entrambi sono stati invocati alla nascita (compreso il travaglio e il parto)

Ma in alcuni testi, a volte, compaiono entrambi contemporaneamente.

Loki si comporta in modo scorretto alla festa di Aegir e discute con molti dei e dee presenti. Si prende persino gioco di Wodan, come un vagabondo che gioca con i fantasmi, come fanno le streghe e i maghi. Loki insulta Frigg e Freya, ma ha soggezione di Thor. Loki se ne va come un salmone, ma dice comunque ad Aegir che i suoi beni andranno in fiamme. Gli Æsir riescono poi a catturare Loki e a legarlo.

Un altro approccio è quello di una triade originaria di queste due dee insieme a Hnoss o Iðunn. Questa triade viene poi associata a diversi periodi della vita femminile. Tuttavia, le sfere di influenza di Frigg e Freya non corrispondono a quelle spesso riscontrate in altre triadi di dee. Questo potrebbe significare che le prove non sono così conclusive, ma potrebbe anche significare che qualcosa di importante ci sfugge della cultura nordeuropea rispetto a quella più meridionale e a quella dei Celti (si veda anche Frige a questo proposito).

Infine, esiste un'altra linea di argomentazione secondo cui Frigg e Freya sarebbero state dee simili provenienti da pantheon diversi, prima fuse in un'unica divinità, ma in seguito nuovamente separate. (Vedi anche Frige). Questa visione è coerente con l'approccio teologico ad alcune divinità greche, romane ed egiziane della tarda antichità classica.

Fyrisvellir

Fyrisvellir era la pianura paludosa (Vellir) a sud di Gamla Uppsala, dove i viaggiatori dovevano lasciare le navi per proseguire a piedi verso il Tempio di Uppsala e la Sala del Re svedese.

Il nome deriva dall'antico norreno Fyrva che significa "rifluire" e si riferisce alle pianure paludose parzialmente allagate che oggi sono state prosciugate e dove si trova la città di Uppsala. Nel Medioevo c'era una tenuta reale chiamata Førisæng o "Fyrisweide" vicino a quest'area. I piccoli laghi Övre Föret e Nedre Föret sono resti di questa palude e hanno mantenuto una forma moderna della parola Fyri.

Secondo la mitologia nordica, la battaglia tra Haki e Hugleik, e successivamente quella tra Haki e Jorund, si svolse in questa pianura. Fu anche il luogo della Battaglia di Fyrisvellir tra Erik il Conquistatore e suo cugino Styrbjörn il Forte, nell'anno 980.

Una saga su Hrólf Kraki racconta che egli gettò dell'oro su questa pianura quando, con il suo seguito, fuggì dal re svedese Aðils. Il seguito del re rinunciò all'inseguimento per raccogliere l'oro. Nella poesia skaldica, l'oro era spesso indicato con il kenning "il seme di Fyrisvellir".

Garmr

Nella mitologia nordica, **Garmr** o Janker era un enorme cane che custodiva la porta di Niflheim o Regno Nebulare nel Rotshol o Gnipahellir. Questo era normalmente macchiato di sangue. Dopo Fenrir, Garmr era il più grande dei cani e durante il Ragnarok, Garmr e il dio della guerra Týr si sarebbero uccisi a vicenda.

Nella canzone *Völuspá,* il verso *Geyr Garmr mjök / fyr Gnipahelli* (Feroce corteccia Janker ora / per Rotshol) è ripetuto tre volte. La prima volta si riferisce all'inizio di Fimbulvetr. La seconda volta indica l'ingresso dei giganti nel mondo degli dei e la terza volta si riferisce all'inizio del nuovo mondo nella pianura di Vigrid.

Gerd

Dea della fertilità, associata alla terra

Gerd, **Gärd**, **Gerdhr**, **Gerda**, **Gerdur** o *Gerdr* (in norreno *Gerðr*) nella mitologia nordica è la figlia del gigante Gymir e della gigantessa Aurboda. Suo fratello si chiama Beli. Vivevano a Jötunheimr, il mondo dei giganti inaccessibile agli umani.

La più bella tra tutte le creature, era forse considerata la personificazione della fertilità e del sesso. Le sue braccia nude e splendenti illuminavano il cielo e il mare.

Un giorno divenne oggetto d'amore a causa del dio della fertilità Freyr, che era innamorato di lei e quindi a malapena funzionante. La canzone eddica Skírnismál racconta ciò che accadde allora.

Non avendo mai avuto intenzione di sposare Freyr, rifiutò le sue proposte che le giungevano attraverso Skirnir, anche dopo che quest'ultimo le aveva portato undici mele d'oro (cibo dell'immortalità degli Æsir) e l'anello Draupnir. Solo quando Skirnir minacciò di usare la spada di Freyr per far scomparire il mondo sotto una spessa lastra di ghiaccio, accettò di sposare Freyr.

Etimologia e simbologia

Il suo nome deriva probabilmente da *gerða* che significa *recinzione*, in relazione a *garðr, gaard* (*spazio chiuso* come un giardino) (inglese *yard* e via danese *garth*).

L'unione di Gerdr con Freyr assomiglia a quella della gigantessa Skaði con il dio della fertilità Njördr. In entrambi i casi, ciò potrebbe indicare un modo per conciliare le forze della morte e dell'oscurità con quelle della capacità rigenerativa della natura.

Gerd può quindi essere considerato una divinità del suolo fertile, simile a Nerthus, ma ci sono anche elementi che indicano proprietà walkure. Il fatto che la sua dimora sia delimitata da fiamme dimostra che il nome della madre Aurboda potrebbe essere letto anche come "Örboða" (*carboni che danno freddo*), un nome tipico della Walkure.

Ginnungagap

Il **Ginnungagap** (*l'abisso di ginn*; in norreno antico *ginn*, *magia*, *magia*, corrisponde al sanscrito *tat* che significa *quello*) è la voragine del vuoto apparente, dello spazio privo di materia, del nulla o del vuoto della mitologia nordica. L'abisso è chiamato anche successivamente **Himthusen**, ma si presenta come l'originario abisso spalancato nel racconto della creazione dell'Edda.

Il Ginnungagap era il luogo di incontro tra le nebbie e il fuoco all'inizio dei tempi, prima che il cosmo si formasse in questo vuoto. Poiché Niflheim (un mondo di nebbia) e Muspelheim (un mondo di fuoco) si unirono nel Ginnungagap all'inizio dei tempi, fu creato Ymir, che fu usato come materiale per ulteriori creazioni. Confronta: Caos.

L'Edda in prosa racconta ancora

"Quando i fiumi chiamati Elivágar si allontanarono così tanto dalla loro sorgente che le parti fredde e ghiacciate al loro interno cominciarono a indurirsi, come il ferro fuso che si allontana dal fuoco, divennero ghiaccio. E quando questo ghiaccio si fermò e non fluì più, il vapore acqueo che saliva dalla massa ghiacciata si abbatté su di essa e si congelò in brina; e uno strato di brina si depositò su un altro, fino a Ginnungagap".

La parte settentrionale di Ginnungagap era riempita da una pesante massa di ghiaccio e gelo, con pioggia e vento gelido davanti a sé. Ma la parte meridionale di Ginnungagap era illuminata dalle scintille e dalle braci incandescenti che arrivavano da Muspelheim".

Come tutto ciò che veniva da Niflheim era freddo e terribile, così tutto ciò che si trovava vicino a Múspell era caldo e leggero. Nella stessa Ginnungagap c'era una brezza come in un tempo senza vento. Quando il bagliore caldo coprì il gelo, questo cominciò a sciogliersi e a gocciolare, e nelle gocce fredde sorse la vita per il potere di colui che aveva inviato il calore, e prese la forma di un uomo. Quell'uomo si chiama Ýmir, ma i giganti a cavallo lo chiamano Aurgelmir. Da lui discendono i giganti a cavallo, come si legge nella Völuspá.

La culla dell'emersione

Il Ginnungagap, quindi, è il vuoto incolmabile in cui i mondi si condensano e si formano spontaneamente dal nulla. Da quel nulla neutro c'è separazione o polarizzazione in luce calda e buio freddo. Il flusso primordiale di particelle vorticose, che sembrano spuntare dal nulla, si differenzia e si trasforma in forme successive più solide di energia e materia in mondi successivi.

Origine etimologica del nome

La parola radice *ginn* significa *magia, incanto*. Il derivato *ginnung* è *incantamento* e i Van sono chiamati *ginnregin* o *poteri magici*. Quindi lo spazio primordiale era pieno di poteri che non avevano ancora un ordine divino.

Ginn, tra l'altro, è una parola più comune soprattutto nel linguaggio religioso o spirituale. *Ginnheiligar* significherebbe come *con potere sacro*. Già nella lingua dei monumenti runici (Stentoften e Björkertorp) si parla di ginna- o ginnurunar (rune di potere). Il dottor Jan de Vries (linguista) afferma che se si considera che oltre a questo la parola *gandr* è anche in ablaut come *magia*, si può supporre di essere in una sfera magica qui e che la parola *ginnungagap* è la comunicazione di *uno spazio primordiale pieno di potere magico*.

Gjallarhorn

Il corno di Gjallar è un corno della mitologia nordica. È custodito da Heimdal, il guardiano degli dei, che custodisce il ponte arcobaleno Bifrost ed è nascosto sotto l'albero Yggdrasil. Attraverso questo corno, trasmette i messaggi degli dei di Asgard ai mortali di Midgard.

Con il Ragnarok, Heimdal fa risuonare questo corno ovunque, in modo che tutti gli dèi e i loro seguaci sappiano che la battaglia decisiva è arrivata e che devono dirigersi verso la Piana di Vigrid, la pianura dove si combatterà la battaglia tra il bene e il male. Ma nella mitologia nordica non si tratta di una battaglia tra il bene e il male come nel senso cristiano. Si tratta piuttosto di una battaglia tra il caos e il cosmo.

Dal corno di Gjallar, secondo Snorri Sturluson nell'anticipazione Mímir, beve l'idromele della saggezza dal fondo della sua sorgente.

Gullinbursti

Gullinbursti significa *setole d'oro* ed è il cinghiale del dio Freyr. Un altro nome è Slíðrugtanni (*zanne pericolose*). È una delle tante creazioni dei nani (in particolare del nano Brokkr). L'animale traina il carro di Freyr attraverso l'acqua e l'aria e spesso illumina la notte con le sue setole dorate. Si vedono poi per molto tempo solo le file inferiori di aculei, come segno che la gigantesca creatura sta attraversando i cieli bui.

La fabbricazione di Gullinbursti è raccontata nello Skáldskaparmál, parte dell'Edda in prosa.

Quando Loki aveva realizzato per i quattro figli di Ivaldi i capelli d'oro di Sif, la nave Skíðblaðnir di Freyr e la lancia Gungnir di Odino, aveva scommesso su Brokkr che il fratello di quest'ultimo, Eitri, non sarebbe stato in grado di realizzare nulla di così prezioso. Per realizzare i doni per Freyr, Eitri gettò allora una pelle di maiale nella stufa mentre Brokkr azionava il mantice, e insieme crearono l'intramontabile Gullinbursti, con la sua criniera d'oro e le sue setole che brillavano nell'oscurità e che scacciavano i genster.

Per inciso, l'astuto Loki conservò la testa, perché, come finse, altrimenti il collo si sarebbe danneggiato, e non era inclusa nella scommessa.

I primi re svedesi, gli (Ynglinge), indossavano elmi con l'immagine di un cinghiale. Uno di essi si chiamava Hidisvin, ovvero il cinghiale di Freya. L'elmo di cinghiale è citato anche nel poema anglosassone Beowulf. Un altro cimelio reale era lo Sviagriss, un anello con l'immagine di un maialino.

Il cinghiale è anche un tema piuttosto comune in altre mitologie con un significato proprio (fertilità e forza in generale).

Alcuni citano la parentela tra il *cinghiale* e l'*orso* inglese o l'*orso* olandese come segno di potere naturale. Anche i nomi con *"Bir"* e *"Ber"* vi farebbero riferimento (come Brigit, che aveva un culto tutto suo). Anche il Cailleach celtico era chiamato *Bheur*.

Gungnir

Gungnir (anche **Gungni, Gungner** o **Gungrir**) era la lancia magica del dio Odino nelle mitologie del Nord Europa. Questa lancia con un serpente in punta era la sua arma di giustizia. Odino è spesso raffigurato con questa lancia in mano e sulle spalle i corvi Huginn (Pensiero) e Muninn (Memoria).

Gungnir è una lancia che non manca mai il bersaglio e tra i berserker simboleggia la forza. Gungnir è spesso cantata come "la lancia che spaventa i nemici e dà forza ai guerrieri di Odino".

Questa lancia era stata realizzata dai figli di Ivaldi, i nani, sotto la guida di Dvalinn, il nano fabbro. Era stata ottenuta in riparazione dal dio degli scherzi Loki dai nani insieme a una parrucca di filo d'oro che egli aveva ordinato per sostituire i capelli d'oro di Sif, moglie di Thor, che aveva tagliato.

Heimdall

Si scrive anche Heimdal o Heimdallr.

Dio guardiano

Heimdall o **Heimdallr** (Hallinskidi, Gullintanni, "dai denti d'oro") è il guardiano degli dei nella mitologia nordica. È figlio di nove sorelle vergini, figlie di Aegir. Snorri Sturluson nomina Odino come suo padre.

Heimdall nasce dalla schiuma del mare. Dal vapore della nebbia crea un arco di collegamento tra Midgard e Asgard, chiamato Bifröst, composto da vapore e luce. Heimdal ha un udito assoluto, sente crescere l'erba e la lana e suona il corno Gjallar.

Come guardiano degli dei, Heimdall ha bisogno di dormire meno di un uccello. È in grado di vedere a cento miglia di distanza sia di notte che di giorno.

Heimdall è chiamato il dio bianco perché la sua pelle è più bianca di quella di qualsiasi altro dio. I suoi denti sono d'oro. A volte assume la forma di un ariete (spesso simbolo di forza e fertilità nella mitologia, soprattutto tra i popoli nomadi). Il suo cavallo si chiama Gulltoppr; la sua residenza, situata vicino al ponte arcobaleno Bifröst, è Himinbjorg. Possiede un corno, chiamato corno di Gjallar o Gjall, il cui suono è udibile in tutti e nove i mondi (cfr. cosmogonia nordica) e che all'alba del Ragnarok riecheggerà forte in ogni dove.

Non è sempre di guardia: secondo i miti, ciò non è strettamente
necessario perché, dopo tutto, può predire il futuro; per questo ha
depositato per un certo periodo il suo corno presso Mímir, ai piedi
dell'Yggdrasil. Si dice anche che beva nella sua sala e che partecipi alle
riunioni degli dei.

Forse esiste un legame speciale tra Heimdall e Freya. Secondo una
versione del mito, quando la sua collana Brinsingamen viene rubata da
Loki, è Heimdall a inseguire Loki; entrambi gli dei si combattono sotto
forma di foche. Quando il gigante Þrymr ruba il martello di Thor e chiede la
mano di Freya come riscatto, è Heimdall a convincere gli dei a non cedere
ma, con uno stratagemma, a mandare Thor a caccia del gigante travestito
da sposa.

Il modo in cui difende Freya può indicare che Heimdall appartiene ai Vanir.
La battaglia con Loki per Brisingamen non è il loro unico scontro. Entrambi
gli dei sono acerrimi rivali; saranno gli ultimi a rimanere al Ragnarok e a
uccidersi a vicenda.

Padre di persone e classi

Secondo la *Rígspula*, Heimdall è alleato con la fertilità: è il padre degli
uomini e il fondatore delle loro classi o caste:

- Da Ái (*bisnonno*) e Edda (*bisnonna*) generò Þræll ("servo"), un
  bambino brutto con la pelle abbronzata. Dovette svolgere lavori
  manuali per tutta la vita e i servi discendono da lui.
- Da Afi (*nonno*) e Amma (*nonna*), Heimdall generò Karl ("uomo",
  "agricoltore"), un ragazzo dagli occhi splendenti e dalla pelle rosa.
  Che crebbe per coltivare e costruire la terra.
- Da Faðir (*padre*) e Móðir (*madre*) generò Jarl ("principe"), un
  ragazzo dagli occhi splendenti, dalla pelle chiara e dai capelli
  biondi, al quale donò le rune. Da lui discesero i nobili.

L'inferno
Dea dei morti e sovrana del mondo sotterraneo

La parola inglese hell (inferno) deriva dal nome di
questa divinità norrena.

Hel (chiamata anche **Hella**, **Helle**, **Hell**, **Hela** o **Hellia**) nella mitologia
nordica è la dea degli inferi, di Helheim e di Niflheim.

È figlia di Loki e Angrboda e sorella di Fenrisulfr e Jormungand.

Odino gettò Hel negli inferi e le diede autorità su coloro che morivano di
morte naturale. Ha un corpo per metà nero e per metà ricoperto di carne.
La sua dimora è la Sala di Eliudnir, i suoi servitori sono Ganglati e
Ganglot.

Nell'Edda, Hel è descritta come l'indovina che predice a Wodan la morte di
Baldr. Predice anche la nascita di un figlio di Wodan, che vendicherà la

morte di Baldr. Wodan insulta Hel, che non permetterà mai più a un uomo di avvicinarsi a lei fino alla caduta degli dei, ad opera del riscattato Loki.

Hermod si recò sul cavallo a otto zampe Sleipnir di Odino al castello di Hel per liberare dalla morte suo fratello Baldr e sua moglie Nanna.

Inferno (luogo)

Il nome del mondo dei morti

Helheim o **Helgard,** nella mitologia nordica, è il mondo sotterraneo dove risiede la figlia del dio Loki, Hel. Nella Prosa-Edda di Snorri Sturluson, viene descritto come uno spazio pieno di ombre-spettri tremolanti di coloro che sono morti in modo non soddisfacente per malattia o vecchiaia. Helheim è anche il luogo dei trasgressori di giuramenti disonorevoli. Fa molto freddo in questa sfera più bassa dell'universo. Si trova in fondo alla terza radice di Yggdrasil, vicino a Hvergelmir e Náströnd. Non si sa con certezza se Helheim e Niflheim siano luoghi molto diversi, se uno sia parte dell'altro e se entrambi siano nomi diversi per lo stesso spazio o stato.

Si dice che Helheim sia una sala o un salone con un tetto intessuto di vertebre serpentine da cui il veleno gocciola su coloro che guadano i fiumi di sangue sottostanti. A coloro che si perdono in queste sale non viene dato altro che urina di capra per placare la loro sete. Si dice che le porte si trovino a sud, lontane da Asgard, che si dice si trovi a nord.

La sala è circondata dal fiume Gjöll, un'acqua fredda come il ghiaccio in cui scorrono le persone, che nasce dalla sorgente Hvergelmir e circonda completamente Helheim. Assomiglia allo Stige greco-romano.

L'unico modo per attraversare il fiume è un ponte d'oro sorvegliato da una fanciulla d'ombra, la gigantessa Móðguðr, e da Garmr (paragonato a Kerberos), un mostruoso mastino infernale che fa la guardia con lui. Non impediscono a nessuno di entrare, ma solo di tornare. Se un vivo mette piede sul ponte, questo risuona e riverbera come se mille uomini lo avessero attraversato, ma i morti lo attraversano senza fare rumore.

Il gigante Hræsvelgr (Divoratore di cadaveri) siede ai margini del mondo superiore. A volte assume la forma di un'aquila, sbattendo le ali e portando il vento di ghiaccio dal regno dei morti.

Il drago Níðhöggr si nutre nelle profondità dei cadaveri dei giurati deceduti, prima fatti a pezzi dai lupi.

Il mondo sotterraneo (Helheim e Niflheim - inferno *di ghiaccio o regno delle nebbie*) è talvolta chiamato inferno, ma questo regno dei morti non è paragonabile all'inferno cristiano. Non solo gli assassini o altri vengono lì per essere puniti, ma non è un luogo particolarmente terribile. Chiunque non venga portato nelle sale di Freya o Odino, rispettivamente Sessrumnir e Valhalla, dai Walkuren a causa del suo eccezionale coraggio, finisce a Hel. Si tratta di malati, anziani, donne e uomini morti di morte naturale.

Garmr (un mastino infernale) sorveglia il cancello del vestibolo Gnipahellir.

La parola inferno deriva dalla parola germanica primordiale *haljæ*, che significa regno dei morti o inferi.

Hermod

Hermod o **Hermóðr** era un figlio di Odino e Frigg nella mitologia nordica e fungeva da messaggero degli dei. Si recò sul cavallo a otto zampe Sleipnir di Odino al castello di Hel per liberare il fratello Baldr dalla morte.

Hlidskjalf

Il nome **Hlidskjalf** nella mitologia nordica si riferisce alla sede o al trono di Odino. Si trova nel regno di Gladsheimr, nella sala Valaskjálf, la grande dimora d'argento di Odino costruita dagli dei. Questa dimora si trova ad Asgard, il mondo superiore dove le Ceneri sono di casa.

Intorno a *Hlidskjalf, ci sono* altri 12 posti a *Valaskjálf* dedicati alle altre divinità. Ma *Hlidskjalf* è apparentemente il più speciale. È il seggio che offre una vista su tutti i mondi. Da lì si possono anche osservare tutti i tipi di dettagli, se lo si desidera.

In realtà, solo Odino stesso può sedere su questo trono, ma spesso sua moglie Frigg siede accanto a lui.

Una volta Freyr si era seduto su *Hlidskjalf* e aveva così osservato il mondo intero, finché da qualche parte nella gigantesca terra di Jötenheim notò una bellezza vergine che si dirigeva dalla casa paterna alla propria stanza. Ciò suscitò in lui un desiderio così forte che Skirnir, il servitore di Freyr, dovette essere convinto da padre Njord ad andare a parlare con Freyr per farlo uscire dal suo entusiasmo un po' paralizzante.

Hod

Si scrive anche Höd, Hoder o Hodur.

Dio dell'inverno e delle tenebre

Hodr, nella mitologia nordica, era un figlio di Odino.

Il nome *Hodr* è norreno antico e significa "guerriero, combattente". La pronuncia è approssimativamente [hɔðr]? o [hœðr]? . La forma moderna islandese è *Höður*, le forme modernizzate includono, ad esempio, *Hod* o *Höd*.

Secondo il Gylfaginning e lo Skaldskaparmál, era cieco. Era il fratello di Baldr. Con uno stratagemma di Loki, il cieco Höðr uccise il fratello Baldr colpendolo, apparentemente invulnerabile, con una freccia ricavata dal vischio. A quel tempo, il vischio era l'unica creatura che poteva danneggiare Baldr. Questo era il tallone d'Achille di Baldr. Baldr, tra l'altro, fu vendicato dal fratellastro Vali, figlio di Odino e Rind.

Dopo il Ragnarok, Baldr e Höðr sarebbero risorti fraternamente in un nuovo mondo.

Lo scrittore danese Saxo Grammaticus (1150 circa - 1220) chiama Hodr *Hötherus* (nelle *Gesta Danorum*). Colui che interpreta il ruolo di Vali e vendica Baldr è qui chiamato *Bous* ed è figlio di Óðinn e Rinda.

Secondo Georges Dumézil, ci sono analogie con i miti indiani. Secondo lui, si tratta di un antico motivo indoeuropeo.

Hoenir

Si scrive anche Hænir.

Dio del silenzio, della spiritualità, della poesia e della passione

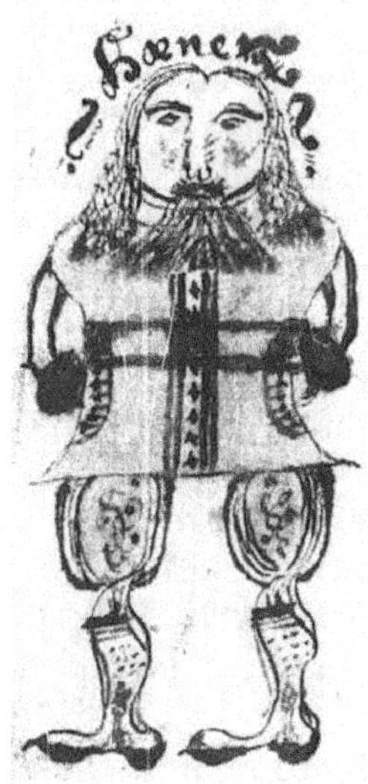

Nella mitologia germanica, **Hœnir** era un Ase. Come Mímir, si recò dai Vanir come ostaggio per suggellare un accordo. I Vanir fecero di Hœnir uno dei loro membri, ma egli soffriva di indecisione, si affidava sempre a Mímir e dava risposte non impegnative solo quando Mímir era assente. Questo è raccontato nella *Ynglingesaga*

In *Völuspá*, alla creazione dei primi popoli, Ask ed Embla, Hœnir e Lóðurr aiutano il dio creatore Odino. Nel *Gylfaginning*, invece, vengono citati Vili e Vé. Poiché Snorri Sturluson conosceva il *Völuspá*, è possibile che **Hœnir** fosse un altro nome per Vili. Sempre secondo la Völuspá, Hœnir fu uno dei pochi dèi a sopravvivere al Ragnarök. Hœnir ha un ruolo minore anche nell'*Haustlöng* e nel *Reginsmál*.

Hringhorni

Una **hringhorni** (in norreno antico: "nave con un cerchio nell'albero") è una nave del dio Baldr ed è descritta come la *più grande di tutte le navi*.

Dopo che Baldr viene ucciso da Hodr con una freccia fatta di vischio da Loki, Baldr viene messo a riposare sulla sua nave dagli altri dei. Tuttavia, quando vollero lanciarlo e bruciare la sua nave, gli dèi non riuscirono a vararla. Tuttavia, con l'aiuto dell'antica gigantessa Hyrrokkin (che arrivò a cavallo di un lupo selvaggio, con vipere come redini) ci riuscirono, ma spinse la nave in acqua con una forza tale che la nave si incendiò e la terra tremò.

Anche la moglie di Baldr, Nanna, fu bruciata, essendo morta di dolore (o gettandosi piena di dolore nel fuoco). Odino mise il suo anello Draupnir (un anello d'oro che si divideva in nove anelli identici ogni nove giorni) tra le fiamme. L'anello fu poi riportato dall'inferno da Hermod quando Hermod si recò all'inferno su Sleipnir (il cavallo a otto zampe di Odino) per liberare Baldr e Nanna dalla morte, ma non ci riuscì.

Contemporaneamente a Hringhorni, fu bruciato anche Litr, un nano. Questo nano si dimenava ai piedi di Thor mentre quest'ultimo consacrava le fiamme del fuoco con il suo martello Mjolnir. Thor allora gettò il nano nel fuoco con un calcio.

Huginn e Muninn

Huginn e Muninn sono i due corvi di Odino nella mitologia nordica. A volte l'ultima *n* viene omessa quando si scrivono entrambi i nomi.

Huginn (pensieri) e Muninn (memoria) partono ogni giorno da Asgard e sorvolano tutti i nove mondi della mitologia nordica. Alla fine della giornata, tornano ad Asgard, si siedono sulle spalle di Odino e gli sussurrano all'orecchio tutte le notizie provenienti dai vari mondi.

Huginn e Muninn sono menzionati anche nell'Edda. Il Grímnismál narra:

> *In tutto il mondo, ogni giorno,*
> *Mosche Huginn e Muninn.*
> *Temo che Huginn non tornerà a casa,*
> *Per Muninn, temo ancora di più.*

Il nome Hugin è etimologicamente legato alle parole olandesi *memory* e *heugen*. Il nome Muninn è etimologicamente legato alla parola olandese "menen" e alla parola inglese *mind*.

Hvergelmir

Hvergelmir (calderone frusciante o ruggente) era nella mitologia nordica
una sorgente a Niflheim. Nella mitologia nordica e celtica, il termine
calderone simboleggia spesso uno spazio cosmico, se necessario
l'universo stesso (si veda Cailleach).

Da *Hvergelmir* sgorgavano undici torrenti velenosi, che portavano il nome
collettivo di Elivágar. Separatamente erano Svöl, Gunurd, Formfimbul, Þul,
Slíd, Hríd, Sylg, Ylg, Víd, Leiptr e Gjöll, con Gjöll vicino al punto più basso,
Niflhel. Si formarono dei ghiacci nello spazio settentrionale del
Ginnungagap in epoca preistorica, quando la terra non esisteva. Il
ghiaccio fu sciolto dal fuoco di Muspelheim, a sud, e lì nacque la vita, da
cui nacquero il gigante primordiale Ymir e la mucca primordiale Audhumla.
Sacrificando il gigante primordiale, Odino e i suoi due fratelli crearono il
mondo.

Esistevano altre fonti che alimentavano l'albero cosmico Yggdrasil,
Urdarbrunnr (fonte di Urd) e Mimisbrunnr (fonte di Mimir), ciascuna con
una propria funzione nella cosmogonia nordica. Nella fonte Hvergelmir
c'erano molti serpenti e il drago Nidhogg, che rosicchiava la radice
estrema di Yggdrasil.

Idunn

Si scrive anche Idun, Ithunn, Ithun o Iduna.

Dea della primavera e del ringiovanimento

Nella mitologia nordica, **Iðunn** è la custode delle mele della giovinezza, che donavano agli dei l'eterna giovinezza.

Il nome *Iðunn* è norreno antico e significa "il ringiovanito". La pronuncia è approssimativamente [ˈiðunː]? . Le forme moderne del nome sono *Iduna* e *Idun*.

Iðunn, secondo il Gylfaginning, è la moglie di Bragi.

Una volta Iðunn fu rapito dal gigante Þjazi (Thjazi). Loki lo aiutò a portare a termine il lavoro. In realtà, Loki era travestito da falco e fu così catturato dal gigante. Il gigante capì che non si trattava di un falco qualunque, lo imprigionò e lo fece morire di fame. Lo costrinse a pronunciare il suo nome e ad aiutarlo a rapire Iduna. Alla fine Loki accettò.

Gli dèi non si accorsero subito della scomparsa di Iðunn finché non notarono che stavano invecchiando. Alla fine scoprirono che Loki era invecchiato molto meno. In effetti, Loki aveva preso una mela da Iðunn, così era rimasto più giovane ancora per un po'. Loki confessò tutto e poi aiutò gli dèi a riavere Iðunn e le sue mele, ingannando il gigante e trasformando Iðunn in una noce (o in una rondine) per poi riapparire ad Asgard.

Iðunn è menzionata prima della cristianizzazione solo nel poema *Haustlöng* di Þjóðólfr di Hvinir (Thjódolf) (intorno al 900). Snorri Sturluson utilizza questo poema nel Gylfaginning. Inoltre, Iðunn compare nel LokÆsirna. Per il resto, non ci sono testi superstiti che parlino di Iðunn. Se era una dea, non era molto famosa, ma, come indica la storia sopra descritta, era importante per gli Æsir.

Jörmungandr

Il **serpente di Midgaard** o **Jǫrmungandr** (talvolta anche *Jormungand* o *Jorgmungander*), in quanto serpente, è praticamente il mostro più grande e pericoloso della mitologia nordica. È uno dei tre figli di Loki e Angrboða e probabilmente il più terrificante.

Il Serpente di Midgard è così enorme che si trova in cerchio intorno a Midgard, il mondo. La sua testa raggiunge la punta della coda e quando la morde (come l'Uroboro) si agita con rabbia, provocando terremoti.

Il suo acerrimo nemico è Thor, con il quale ingaggerà una lotta di vita e di morte durante il Ragnarok (la fine dei tempi, ovvero la battaglia finale). Thor lo aveva già quasi catturato una volta, ma a causa della paura del suo compagno non riuscì a uccidere l'unbeast.

Thor, insieme al gigante Hymir, navigò così tanto nel mare primordiale che persino il gigante si spaventò. Usando una testa di bue come esca, cercò di catturare il serpente. Quando lo morse, diede uno strattone così forte che i pugni di Thor atterrarono sulla tavola del pugnale con uno schianto. Con la sua forza assiale si sostenne in modo che entrambi i piedi attraversassero la barca e atterrassero con essa sul fondale. Nel frattempo tirò il serpente verso il bordo. E quanto più ferocemente Thor guardava il serpente negli abissi, tanto più ferocemente questo gli lanciava contro il veleno. Hymir divenne bianco mentre il serpente ondeggiava sulla sua barca. Tagliò la corda con il suo coltello da pesca proprio mentre Thor roteava in aria il suo martello. Il serpente affondò di nuovo nel mare, ma Thor lanciò il martello che colpì la testa del serpente sul fondo, ma questo solo secondo gli uomini (secondo l'Edda), perché si dice che il serpente sia vivo nell'oceano del mondo. Thor aveva solo colpito l'orecchio di Hymir con il suo martello, in modo che quest'ultimo finisse in mare - le sue suole possono ancora essere viste nel mare.

Jǫrmungandr sarà schiacciato dal dio del fulmine e dal suo Mjölnir, ma egli stesso perirà a causa del suo veleno.

Jǫrmungandr ha ancora Fenrir come fratello e Hel come sorella, anch'essi discendenti di Loki e della gigantessa Angrboða.

Jötun

Un essere soprannaturale

Gli Jötun (in norreno antico: Jötnar, Jöten o Jøtnar, Jøten) o **Thursen** (þursar) sono, nella mitologia nordica, giganti dal potere impressionante e dalle dimensioni enormi. Sono entità umanoidi o bestiali di dimensioni spesso inimmaginabili (superiori a quelle degli dei), dotate di forza e potere quasi divini.

I giganti litigano spesso con gli dei. In questo processo, sono molto stupidi (soprattutto nelle *Saghe eroiche*, forse in contrasto con i nuovi eroi) o, al contrario, molto saggi a causa della loro età avanzata (soprattutto nei tempi pagani originali precristiani). I giganti abbracciano tutto lo spazio-tempo con le loro conoscenze uniche. Poiché provengono dalla preistoria, viene loro attribuita anche una grande saggezza originale e una conoscenza unica.

Sono rappresentati in molte forme diverse, a volte con più teste (tre, sei o nove).

Significato del nome

Jötun ha probabilmente la stessa origine del *cibo*, si confronti anche l'inglese antico *eóten*, e aveva il significato originario di "goloso" o "mangiatore di uomini".

76

Risar (sing. *risi*), in particolare *bergrisar*, è probabilmente imparentato con *rijzen*, e significa una "figura rijzig", un "gigante".

Thursar o þursar (sing. þurs), soprattutto *hrímþursar* (Vorstreuzen) può derivare da "sete" o "sete di sangue", cfr. Antico Alto Tedesco *duris* o *thuris*. L'inglese antico ha anche la parola correlata þyrs con lo stesso significato. Un antico dio della guerra finlandese assetato di sangue si chiamava *Tursas*; la lingua finlandese era una delle più antiche della regione nordica.

"Gio" è anche il nome della runa Þ, che in seguito si è evoluta nella lettera Þ.

Una gigantessa può anche essere chiamata *gýgr*.

Origine dei giganti

Sono tutti discendenti del gigante primordiale ermafrodita Ymir e sono sorti prima degli dèi, che di fatto sono anch'essi loro discendenti. *Ymir* è il nome della prima vita che si è formata all'inizio dei tempi. Era il terrificante rijpreus, creato dai depositi di rijp nel vuoto caotico originario (noto come Ginnungagap). Durante il sonno, il gigante primordiale si trasformò in qualcosa di simile a una pianta in crescita e dalle sue ascelle emersero un figlio gigante e una figlia gigante, mentre dalla copulazione dei suoi due piedi nacque il mostro a sei teste Thrudgelmir. Queste tre entità insieme generarono la razza degli *hrímþursar*, che popolarono il regno originario di Niflheim, mondo di gelo e nebbia.

Gli dèi (Ashes e Vans), invece, sostengono di essersi evoluti da un certo Búri, un altro gigante.

Poi, quando Ymir viene sacrificato da Odino, Vili e Ve (tre nipoti di Búri) come materiale per la costruzione degli altri mondi, Niflheim viene completamente inghiottito dalla sua linfa vitale (*sangue* o acqua) e nel processo tutti i giganti muoiono tranne due, un certo gigante Bergelmir e la sua sposa, da cui rinasce la loro specie.

È sorprendente che la maggior parte degli dèi discenda direttamente da giganti e gigantesse o che, al contrario, alcuni giganti siano accettati come dèi. Giganti e dèi spesso litigano tra loro, anche se alcuni si aiutano a vicenda. Loki, il dio del fuoco, ad esempio, è per metà Jote e ha anche una doppia natura.

Residenza

Un'importante residenza degli Jötun è il Castello di Utgard a Jötunheim, oltre Midgard, il mondo umano, da cui è separato da alte montagne con fitte foreste. Jotunheim è uno dei nove mondi della cosmogonia nordica. Il signore di Utgard è Utgardloki, il cui regno coincide con il regno dei morti. Quando i giganti vivono in mondi diversi dal loro, preferiscono rinchiudersi in grotte e luoghi oscuri.

I Giganti del Fuoco, invece, vivono nel regno del fuoco di Muspelheim, uno dei nove mondi della cosmogonia nordica. I giganti del fuoco sono discendenti di Muspel e Surt. Il mondo umano era protetto dai giganti dal bastione che gli dèi avevano ricavato dalle sopracciglia di Ymir. Gli altri mondi erano separati da quelli dei giganti del fuoco dal ponte Bifrost, nel quale i giganti non potevano entrare senza crollare.

Carattere dei giganti

A differenza delle Ceneri, che rappresentano l'ordine, gli Jötun sono le forze del caos nella mitologia norrena. Sono indomiti e rappresentano le forze del caos originario e della natura distruttiva indomita.

La maggior parte dei giganti rappresenta aspetti della violenza naturale, come ad esempio:

- Vorstreuzen/colonne motrici
- Giganti dell'acqua e dell'oceano
- Giganti di fuoco
- Giganti dell'aria e della tempesta
- Giganti di montagna e di pietra
- Giganti della foresta

I giganti sono spesso terrificanti per il loro aspetto inumano. I giganti sono descritti con artigli, zanne, pelle nera e arti di dimensioni particolari. Ci sono quelli con più teste e forme non umane. Ad esempio, Jǫrmungandr e Fenrir erano discendenti di Loki e Angrboða, una gigantessa, e non assomigliavano in alcun modo agli esseri umani. Hel, invece, lo ricordava, se non fosse per il fatto che metà del suo corpo era per metà decomposto.

All'aspetto terrificante si accompagnano tratti come l'ingenuità e la debolezza d'intelletto. L'Edda paragona spesso l'intelletto dei giganti a quello dei bambini: emotivo e non razionale. Tuttavia, i giganti nominati singolarmente o definiti in modo più ristretto hanno spesso caratteristiche opposte. Essendo incredibilmente vecchi, portano con sé la saggezza dei tempi passati, come Vafthrúðnir e Mímir. Ed è a loro che Odino si rivolge per ottenere la conoscenza precosmica.

Rapporto con gli dei

La maggior parte dei giganti è considerata pericolosa o addirittura malvagia e nemica degli dei (Assi e Furgoni) e degli umani, ma ci sono anche giganti bonari.

Molte consorti degli dèi sono giganti. Njǫrð è sposato con Skaði, Gerðr diventa la moglie di Frey, Odino conquista l'amore di Gunnlod e persino Thor, il grande massacratore della specie, ama Jarnsaxa (gigantessa), la madre di Magni. In questo modo, essi appaiono come una sorta di divinità minori, cosa che si può dire anche del gigante Ægir, che ha molti più legami con gli dei che con la feccia che popola Jotunheim. Nessuno di loro teme la luce e le loro dimore non differiscono molto da quelle degli dei in termini di comfort.

Ma il rapporto tra i giganti e gli dei o gli umani è favorevole solo con alcuni (come con Ägir e Mímir), e altri Jötun rappresentano una minaccia per l'Asse. Di conseguenza, sono costantemente impegnati in una guerra cosmica, in cui Thor (che richiama all'ordine con il suo martello) ha la meglio, e che dura fino al Ragnarök.

Ragnarök

Fino al Ragnarök, Heimdall sorveglia permanentemente il ponte Bifröst tra Ásgard e Jötunheim. Thor si reca spesso a Jötunheim per uccidere quanti più giganti possibile con il suo martello.

I giganti malvagi di questi generi (la maggior parte) andranno in guerra contro le Ceneri alla fine dei tempi. Il gigante di fuoco Surt (forse l'unico essere ancora più vecchio di Ymir) distruggerà poi tutto il creato con la sua spada infuocata.

La loro sconfitta da parte dei tre dei-fratelli Odino, Vili e Vé rappresenta la vittoria della cultura sulla natura, anche se ne determina la caduta.

I giganti nel folklore scandinavo successivo

In tempi successivi, i giganti sono stati chiamati troll in Scandinavia. Non sopportano il suono delle campane delle chiese e devono quindi vivere lontano dalla civiltà, sulle montagne o nelle foreste più remote. Se talvolta si avvicinano alla comunità umana, è soprattutto per far tacere le campane delle chiese, lanciando grandi massi rotolanti sugli edifici ecclesiastici.

I giganti erano considerati una razza del passato, i cui resti erano ancora visibili nel paesaggio. Saxo Grammaticus attribuiva ai giganti l'innalzamento dei dolmen. Un grande masso apparentemente perso nel paesaggio veniva chiamato "lancio del gigante". Questo termine è sopravvissuto in una storia del folklore svedese, come se un gigante in tempi antichi avesse strappato due pezzi di terra creando il lago Väner e il lago Vätter, e li avesse gettati nel Mar Baltico, dove oggi formano rispettivamente le isole di Gotland e Öland.

Jötunheimr

Jotunheim o **Jötunheim** (in norreno antico **Jötunheimr** o, al plurale, **Jötunheimar**) è la patria degli Jötun nella mitologia nordica. Jotunheim è descritto nella Prosa-Edda.

Esiste anche un'area montuosa situata nella Norvegia meridionale, chiamata **Jotunheimen**.

Le origini di Jotunheim

Prima i giganti abitavano la Pianura di Vigrid, dove nacquero anche Ymir e i primi dei. Odino e i suoi fratelli Vili e Vé sacrificarono Ymir per creare i mondi.

Tutti gli Hrimthursar, tranne due, annegarono nel fluido vitale di Ymir. Bergelmir (figlio di Thrudgelmir, nipote di Ymir) e sua moglie riuscirono a strisciare in un ceppo d'albero cavo in tempo per usarlo come barca. Bergelmir salpò poi con la moglie verso un luogo che sarebbe stato chiamato Jotunheim. Lì si levarono e diedero vita a una nuova stirpe più giovane di Hrimthursar. Bergelmir divenne così il padre primordiale di una nuova generazione di giganti, gli Jötun. Questa progenie nutriva un odio profondo per l'Asse.

La fortuna di Bergelmir lo mette sullo stesso piano di innumerevoli eroi del diluvio che sono scampati all'annegamento generale. Ci sono gli Utnapisthim mesopotamici, Deukalion e Pyrrha, Filemone e Baucis nei miti greci, la Bibbia ha Noè che è sopravvissuto al diluvio in un'arca.

Separazione da Yggdrasil

Per impedire a Thursen e Jötun di dominare il mondo degli uomini e degli dei, gli dei costruirono un bastione intorno a Midgard e Asgard fatto con le sopracciglia di Ymir. In questo modo separarono l'albero del mondo Yggdrasil da Jotunheim (con la gigantesca fortezza di Útgard all'estremità).

Fino al Ragnarok, quando la loro rabbia esploderà veramente, gli Jötun saranno ostili agli dei che hanno in mente questo atto, anche se ci saranno giganti magnanimi. Ma poi assaliranno Asgard da Niflhel.

Residenti e visitatori

A Jotunheim vivevano (tra gli altri);

- Þrymr (che aveva rubato il martello di Thor, Mjöllnir) nella sua dimora di Thrymheim,
- Anche Thjazi (la cui figlia Skadi è diventata un'Asin) vive a Thrymheim,
- Menglad nel suo castello Gastropnir.

Thor amava recarsi a Jotunheim, perché lì poteva praticare il suo sport preferito: picchiare a morte i giganti con il suo martello Mjöllnir.

Un tempo Loki soggiornava presso la gigantessa Angrboða, dalla quale ebbe tre figli (Jörmungandr, Hel e Fenrir - che svolgono un ruolo importante durante il Ragnarok). Si recò più spesso a Jotunheim, finché non fu legato dalle Ceneri sotto la bocca gocciolante di Jörmungandr.

Thor e Loki a Jotunheim

Nell'Edda in prosa c'è un racconto che parla di un periodo in cui si formarono i ghiacci; non è chiaro a quale era glaciale ci si riferisca. La storia ha delle somiglianze con *Hymisvädet*, in cui si cerca una pentola per cucinare. In entrambe le storie Loki è l'istigatore di un atto proibito, dopo il quale la vendetta di Thor si abbatte sul colpevole.

Come nel *Vafþrúðnismál* (*Canto di Vafthrudnir*), la visita di Thor e Loki illustra l'illusione che costituisce la coscienza nel mondo dei giganti.

La storia

L'era glaciale distrusse il raccolto e uccise uomini e animali. Thor si reca con Loki a Räsvälg per lamentarsi. Il carro di Thor non può attraversare il Bifröst, quindi guadano il fiume Ifing (dubbio). A Midgard si fermano da un povero contadino e dai suoi figli Tjalfe (velocità) e Röskva (lavoro). Il cibo è scarso, così Thor macella le sue capre Tandgniostr e Tandgrisnir (macina-denti e macina-denti) e dice agli altri di mettere le ossa nella loro pelle intatta.

Loki sussurra al figlio di un contadino che deve assaggiare il midollo, e così il figlio si rompe un osso. Al mattino, Thor rianima le sue capre con un colpo di martello, ma scopre che una capra è paralizzata. Il contadino offre ai suoi figli di diventare servi di Thor e Tjalfe accompagna Thor e Loki nel loro viaggio.

Trascorrono la notte in una strana struttura con una stanza piccola e una grande, e sentono un rumore di rimbombo. La mattina dopo trovano un gigante addormentato, Skrimir. La casa era il suo guanto e il rombo il suo russare. Gli dei cercano di aprire il sacco del gigante, ma non ci riescono. Thor allora colpisce il gigante tre volte con il suo martello, ma il gigante non si sveglia. Ci sono ancora tre valli che tagliano la montagna dove il gigante ha dormito.

Il gruppo raggiunge Utgárdloki (Loki della corte esterna) e viene sfidato in una serie di gare. Tjalfe partecipa a una gara, ma perde. Loki afferma di poter mangiare più di qualsiasi gigante, ma perde perché il gigante mangia anche il piatto. Thor vuole svuotare un corno per bere, ma può solo abbassare un po' il livello della botte del gigante. Poi Thor deve sollevare il gatto del gigante, ma riesce a muovere solo una zampa. Thor vuole poi lottare con i giganti, ma l'anziana balia dei giganti lo sconfigge facilmente.

Gli dei partono per la loro sfera e l'ospite li accompagna e spiega le illusioni. Tjalfe ha la velocità del fulmine, ma non è riuscito a battere il pensiero. Loki ha assunto Logi (fiamma) che ha mangiato anche la tavola di legno. Il corno aveva fatto la sua fine nelle profondità dell'oceano e il mondo dei giganti aveva tremato di paura quando il livello dell'acqua era sceso. Il gatto era Jörmungandr (equatore) e questo si era mosso in modo allarmante. Elli, l'anziana tata, è in realtà vecchia e sfinisce tutti.

Thor solleva il suo martello con rabbia e vuole vendicarsi con un trucco, ma si trova su una pianura che si estende all'infinito e il suo ospite e la città sono scomparsi.

Loki

Dio del fuoco, della magia, del mutamento di forma e del caos

Loki (anche *Looki*, *Loke*, *Lopt* o *Loptr*) è il dio del caos e della menzogna della mitologia nordica.

È un piantagrane e un mutaforma. Aiuta gli altri dei, ma spesso lavora anche contro di loro. Dopo aver contribuito alla morte del dio Balder, gli altri dei decisero di imprigionarlo. Fu legato in una grotta con le interiora del suo stesso figlio e gli fu appeso un serpente sulla testa il cui veleno gli colava sul viso. Qui sarebbe rimasto fino al Ragnarok, la fine del mondo. Nella guerra che ne sarebbe seguita, avrebbe combattuto contro gli altri dei e Heimdall e lui stesso avrebbero fatto la reciproca fine.

La genealogia

Loki era uno dei figli di Farbauti e Laufey e fratello di sangue di Odino.

Loki si sposò due volte, prima con la gigantessa Angrboda che gli diede
tre creature mostruose: Fenrir, il serpente di Midgaard (o: Jǫrmungandr) e
Hel (regina degli inferi). In realtà, la figlia di Loki si chiama Leikinn o Leikn
ed è la dea della malattia, mentre Niflhel (o: "Non Hel") non è altro che la
turpe dea Urd. Sposò poi Sigyn, che gli diede due figli: Vali e Narvi. Questi
figli ebbero un ruolo nella sua cattura. In realtà, questi figli non sono mai
esistiti, perché Narvi (Nidhadr, Mimir) non è altro che Mimir e Vali è il figlio
di Odino e Rindr. Furono le catene di Mimir a legare Loki, in riferimento
alle catene di Vali che gli impedirono di uccidere Hodr, o il grembo di sua
madre Rindr.

Loki è anche la madre di Sleipnir, poiché allora aveva assunto la forma di
una giumenta (grigia) ed era stato ingravidato dallo stallone Svadilfari, il
cavallo del vorstreus.

Le sue imprese

Loki, nel creare i mondi, dà i colori al ponte Bifröst, costruito da Heimdall,
e lo trasforma in un arcobaleno. Il mondo è allora pronto e l'uomo può
apparirvi (versi 17-18 del Voluspá).

La sua indole malvagia potrebbe derivare dal fatto che i suoi genitori
erano giganti di ghiaccio. Non resisteva a fare scherzi audaci e a mettere
in pericolo gli dei, anche se spesso li salvava grazie alla sua astuzia. Per
esempio, una volta fece rapire Iduna, facendo invecchiare rapidamente gli
dei. A volte mise in pericolo il suo compagno Thor, anche se lo aiutò a
recuperare il suo martello, come si racconta nella Þrýmskviða.

Durante la costruzione di Asgaard, ingannò il gigante di ghiaccio Hrimthur
che doveva costruire un muro intorno ad essa, ricevendo la paga dagli
Æsir solo se avesse terminato il lavoro in tempo. Loki si trasformò in una
giumenta e così attirò Svadilfari, il cavallo del vorstreus, con il risultato che
il vorstreus stesso gli corse dietro per riavere il suo cavallo. Da quello
stallone nacque Sleipnir, il cavallo a otto zampe destinato a Odino.

Nel Reginsmál, "la canzone di Regin", Regin racconta a Sigfrido di Odino,
Hoenir e Loki. Erano arrivati alla cascata dal nano Vigilante, che viveva lì
come un luccio. Lontra, il fratello di Regin e Fafnir, stava divorando un
salmone, quando Loki lo gettò a morte con una pietra. Gli hanno tolto la
pelle. Alla corte di Hreidmar, il padre di Regin, Fafnir e Otter, gli dei furono
catturati. Dovettero ricoprire la pelle della lontra d'oro dentro e fuori. Loki
dovette andare a prendere l'oro. Loki catturò il luccio Vigilante e gli
sottrasse tutto l'oro. In questo modo, la pelle della lontra fu ricoperta e gli

dei furono liberati. Fafnir uccise suo padre e si appropriò di tutto l'oro, dopodiché Regin indusse Sigfrido a uccidere il drago Fafnir e ad appropriarsi dei suoi tesori.

Dopo la morte di Balder e Hödur, il gigante marino Aegir organizza un banchetto nella sua grotta. Durante il banchetto, come descritto nel LokÆsirna, Loki si spinge troppo oltre nell'insultare gli altri dèi, che decidono così di imprigionarlo. Loki sa che è giunto il momento e si siede su una montagna arida per osservare il loro arrivo. Quando gli dei arrivano, si trasforma in un salmone. Gli dei preparano una rete per catturarlo, ma lui la schiva per primo. In mare, però, lo attendono mostri marini e pesci guidati da Njord e Aegir. Loki fugge oltre la rete, ma Thor è più veloce e lo afferra.

Per porre fine alla sua malvagità, viene legato sotto la bocca gocciolante di un serpente velenoso (uno dei suoi figli). Loki si annoiava terribilmente lì. Aspettava il Ragnarok, in cui avrebbe guidato le forze del male contro gli dei. Alla fine morì lui stesso per mano di Heimdall.

Carattere e significato

Loki è una figura ambigua e misteriosa: secondo il Gylfaginning, è un Ase e spesso combatte con loro contro i giganti. Attraverso i nani fa forgiare oggetti magici come il martello Mjölnir per Thor e l'anello Draupnir per Odino. Ma allo stesso tempo è orgoglioso della sua uccisione di Balder ed è il padre degli esseri infernali.

Spesso viene anche riconosciuto come un eroe della cultura, simile al Prometeo greco. Il fuoco che quest'ultimo dona agli uomini è un dono ambiguo: da un lato promuove la cultura (calore, luce, cucina, lavorazione dei metalli...), dall'altro la uccide quando si scopre che l'uomo non è in grado di controllarlo (armi da fuoco, tecnologia).

Tuttavia, sebbene secondo alcune teorie mainstream, egli sia visto come uno spirito del fuoco, con tutto il potenziale di bene e di male che si accompagna al fuoco, è possibile che questa visione sia riconducibile a una contaminazione linguistica con *logi* "fuoco", poiché vi sono pochissime indicazioni in tal senso nel mito, dove il ruolo di Loki è associato principalmente a Odino, sia come suo volenteroso pari che come suo antagonista.

Ström identifica addirittura le due divinità fino a definire Loki una "ipostasi di Odino". E Rübekeil suggerisce che le due divinità fossero originariamente identiche, derivate dal celtico Lugus o Lugh (il cui nome sarebbe contenuto in *Loki*). In ogni caso, la figura di Loki non fu probabilmente un'invenzione tardiva degli skald nordici, ma discendeva piuttosto da un prototipo indoeuropeo comune.

Il dottor Jan de Vries vedeva in Loki una figura mitica simile al trickster nordamericano, un essere ambivalente, anche nel suo atteggiamento verso gli esseri umani.

Per Georges Dumézil, Loki è una figura archetipica dell'inganno e della malizia sempre presenti, e la sua presenza tra i nemici degli dei durante la battaglia escatologica lo rende un omologo di Duryodhana dell'epopea indiana del Mahabharata. Lì Duryodhana è la personificazione dello zeitgeist dell'età della decadenza e della caduta (Kali Yuga), che nella mitologia nordica corrisponde al concetto di Fimbulvetr.

Il fatto che il numero 13 sia considerato un numero sfortunato potrebbe derivare dalla saga di Loki, che appare come tredicesimo ospite non invitato a un banchetto e poi fa sprofondare il mondo nel lutto.

Loki non aveva né templi né culto.

Midgard

Midgard (regno di mezzo) è il nome del regno umano nella mitologia
nordica. Questo mondo si trova da qualche parte al centro di Yggdrasil ed
è circondato da un mondo d'acqua o da un oceano primordiale, che non
può essere attraversato. In questo oceano primordiale vive il serpente del
mondo, che è così gigantesco da circondare l'intero mondo e mordersi la
coda.

Nella mitologia nordica, *Miðgarðr* era applicato a un'area murata da un
bastione costruito con le sopracciglia dell'essere primordiale Ymir, che
doveva proteggere il mondo dalla violenza degli Jötun che vivevano a
Jötenheim.

Localizzazione

Midgard è un mondo intermedio, situato sotto il celeste Asgaard e sopra il
mondo infernale di Niflheim. Insieme, questi tre formano la triade di mondo
superiore, mondo intermedio e mondo sotterraneo.

Asgard si trova proprio sopra la posizione occupata da Midgard
nell'Yggdrasil ed è il mondo degli dei, più precisamente quello delle
Ceneri. Altre divinità, i Wan, risiedono a Wanaheim.

Origine di Midgard

Midgard fu creata dal corpo del Vorstreus Ymir (che in norreno antico
significa "gemello" o "ermafrodito"); egli fu, secondo la mitologia norrena,
la prima creatura vivente creata dalle gocce d'acqua emerse dallo
scioglimento dei ghiacci che riempivano il Ginnungagap (vuoto
incolmabile). Dal suo corpo, Odino e i suoi fratelli crearono Midgard. Dalla
carne del gigante crearono la terra e dalla sua linfa vitale i mari. Midgard
era collegata ad Asgard dal Ponte di Bifrost, sorvegliato da Heimdall.

Fine di Midgard

Secondo la leggenda, Midgard sarà distrutta nel Ragnarok, la battaglia
che avrà luogo alla fine dei tempi. Allora il Serpente del Mondo sorgerà
dall'oceano primordiale e penetrerà nella terra e nel mare con il suo
veleno, tanto che il mare ribollirà e inghiottirà la terra. Dopo la battaglia
finale che avrà luogo nella Piana di Vigrid, Midgard e tutte le sue forme di
vita saranno distrutte mentre la terra sprofonderà nel mare.

Muspelheim

Muspelheim ("Paese delle fiamme"), anche **Muspel** (in *norreno antico rispettivamente Múspellsheimr e Múspell*) è il mondo del fuoco nella mitologia nordica. È la patria dei Giganti di Fuoco e del loro maestro Surt.

Il calore di questo mondo contrasta nettamente con il freddo gelido dell'opposto Niflheim, e dove all'inizio dei tempi questi due mondi si incontrano nell'abisso sbadigliante, il Ginnungagap, si verificano processi violenti che fondono il ghiaccio di Nifleim in acqua e fanno volare via le scintille da Muspelheim, dando vita a stelle, comete e pianeti.

Entrambi i mondi, secondo la storia della creazione norrena, sono nati dalla volontà di Fimbultyr nella terra del mondo infinito (Ginnungagap), dove alla fine hanno contribuito alla creazione di Ymir, rendendo così possibile l'esistenza della materia.

Muspelheim, secondo alcuni, prende il nome da Muspell ("il camminatore del mondo") ed è abitato dai figli di Muspell, di cui Surt ("Nero") è il capitano. Secondo altri, Surt sarebbe solo un altro nome per Muspel.

In ogni caso, sotto la guida di Surt, i giganti avrebbero scatenato la battaglia finale del Ragnarok contro gli dei. Surt e i suoi figli sarebbero poi entrati nel ponte Bifröst, ma questo avrebbe ceduto al loro calpestio. Infine, Surt avrebbe dissolto i mondi nel fuoco con la sua spada fiammeggiante Surtalogi, a partire da Yggdrasil, l'Albero della Misura, Albero del Mondo o Frassino Sacro.

Muspelheim è così a lungo separata da Midgaard da Myrkviðr ("foresta tenebrosa"), una foresta oscura e impenetrabile che simboleggia anche il confine psicologico tra bene e male.

Naglfar

Naglfar è una nave della mitologia nordica fatta con le unghie dei morti.

Si tagliavano le unghie dei defunti, per evitare che questa nave della morte, situata a Nástrond, si staccasse più velocemente del necessario. Questo perché Naglfar salperà verso Midgard con il Ragnarok, causando la caduta degli dei. La nave sarà pilotata da Hrym, secondo Snorri Sturluson nel Gylfaginning, o da Loki, come afferma il Völuspá.

Nel Völuspá si dice anche che questa barca è navigata da "munu Muspells", popolo dei muspilli. Sebbene muspilli in antico alto tedesco e in antico sassone significhi qualcosa di simile alla fine del mondo, il poeta norreno l'ha inteso come il nome di un gigante.

Nanna

Dea associata alla gioia, alla pace e alla luna

Nella mitologia nordica **Nanna** è la moglie di Baldr, madre di Forseti e figlia di Nepr. È una gigantessa, ma diventa Asin dopo aver sposato Baldr. Quando Baldr viene ucciso dal fratello cieco Höðr, Nanna cede al dolore e si getta sulla pira del suo cadavere che brucia sulla sua nave alla deriva Hringhorn.

Niflheim

Il Niflheim (mondo oscuro) nella mitologia nordica è il regno delle nebbie.

Secondo alcune fonti, a Niflheim regnava l'inferno. Niflheim era il regno dei morti, un mondo gelido dove i vivi avevano poco da fare. Tuttavia, anche gli dei vi si recavano di tanto in tanto, ad esempio Hermod, fratello di Balder, chiese a Hel di liberare Balder dalla morte.

Il punto più profondo del Niflheim è Niflhel, dove si trova l'omonimo castello di Hel. Sempre a Niflheim si trova la sorgente di Mímir, che dona saggezza e per la quale Odino sacrificò il suo occhio per poterne bere.

Secondo il Gylfaginning nella Prosa-Edda di Snorri Sturluson, al centro di Niflheim si trova la fonte Hvergelmir (calderone ruggente), da cui scaturiscono undici fiumi velenosi (Elivagar, onde della tempesta). Questi sono diventati, a grande distanza dalla loro sorgente, strati di ghiaccio nella parte settentrionale dello Spazio, Ginnungagap. Quando il ghiaccio entrò in contatto con il calore del Muspelheim meridionale (Terra delle Fiamme), si sciolse ed emerse la vita. In esso apparvero le forme del gigante primordiale Ymir e della mucca primordiale Audhumla, sacrificando i quali Odino e i suoi due fratelli crearono il mondo.

Njord

Si scrive anche Njorth, Niord o Njordr.

Dio del mare, del vento, della fertilità e patrono dei pescatori e dei marinai.

Nella mitologia nordica, **Njord** o **Njordr** (in norreno antico *Njörðr*) è un dio appartenente ai Wanen. Rappresenta le fertili terre costiere, l'abilità marinaresca e l'arte della navigazione.

Nome

Il nome di Njörðr è scritto Njǫrðr in norreno antico, ma la "ǫ" è spesso sostituita dalla "ö". Si può quindi convertire il nome in diversi modi: *Njord, Njordr, Niord, Niordr, Njörd* e *Njördr*.

Le grafie alternative di Njord includono anche Njördh, Njörðr e Njörður (grafia islandese).

Njord è forse simile al dio romano del mare Nettuno e al greco Poseidone.

La genealogia

Njord è il marito della gigantessa Skaði e padre di Yngvi-Freyr e Freyja. Secondo l'Heimskringla, la loro madre era la sorella di Njord. Anche il nome della sorella potrebbe essere Njord, secondo la ricostruzione del nome di una dea sueviana, che Tacito traslitterò in latino come "Nerthus" (= *Njörðr*). Risiedeva a Nóatún ("Città delle navi"). Njord è un dio strettamente associato alla fertilità, come gli altri Wan in generale.

Njord e i suoi figli vennero poi a vivere con gli Æsir, come "ostaggi" dopo la guerra tra le due famiglie di dei. Sebbene fossero considerati parte della famiglia degli aristocratici e dei capi legittimi, non erano liberi di andarsene, per salvaguardare gli interessi reciproci del trattato di pace.

Njord è l'equivalente antico norreno della dea Nerthus, descritta da Tacito. Hilda R. Ellis Davidson ha suggerito in "Gods and Myths of Northern Europe" (1964) che un tempo poteva esistere un'accoppiata di divinità, Njord e Nerthus, con Freya che in seguito sostituì Nerthus. L'autrice afferma inoltre che nella mitologia norrena esistevano altre divinità maschili e femminili accoppiate, di cui però non conosciamo altro che i nomi (ad esempio, Ullr e Ullin).

Il mitologo comparato Georges Dumézil ha elaborato l'idea di Jacob Grimm secondo cui l'eroe Hadingus nella *Storia danese*, Libro I di Saxo Grammaticus, potrebbe essere una versione eufemizzata (*"storicizzata"*) di Njord. Questo suggerimento è stato utilizzato dallo scrittore di SF fantasy Poul Anderson nel suo *War of the Gods*.

Nella ricostruzione idiosincratica della mitologia nordica di Viktor Rydberg, Njord è conosciuto anche come Fridleif, *il pacifico*. Con Hodr, intraprese una missione di pace presso Weland ed Egil, che rifiutarono la pace. In seguito salvò suo figlio Freyr dalle mani degli Jötun. Durante la guerra degli dei tra Æsir e Wanen, guidò l'attacco ad Asgard, che vinse. Durante la sua assenza da Vanaheim, Loki cercò di prenderne il controllo, ma Njord lo sconfisse in battaglia e gli indicò la via d'uscita.

Njord e Skaði

Secondo Rydberg, dopo aver rubato le mele dei giovani, gli Æsir uccisero accidentalmente il padre di Skaði, Weland-Thjazi, e se ne pentirono. Ma poi aveva portato l'era glaciale nel mondo. La figlia del gigante Skaði indossò quindi gli sci, la cotta di maglia, l'elmo e partì per il Valhalla per vendicare il padre. Ma gli dei decisero che dovevano compensare la perdita in qualche modo. Così le fu permesso di scegliere un qualsiasi dio maschio come marito, ma le fu permesso di vedere solo i loro piedi quando fece la sua scelta. Guardò a lungo tutti i piedi, poi scelse il paio bianco più pulito, pensando che appartenesse a Baldr. Ma non era Baldr, era Njord, perché i suoi piedi erano sempre lavati dal mare. E sebbene si amassero molto, alla fine il loro matrimonio fu un po' difficile. Perché Skaði, figlia di un gigante di montagna, viveva nella terra d'inverno, e a Njord dispiaceva essere sempre svegliato dai lupi, e faceva già troppo freddo per dormire. E Skaði non sopportava di vivere in una foresta primaverile e di essere svegliata dal canto degli uccelli ogni mattina. E anche lei trovava che lì facesse un po' troppo caldo. Così avevano deciso di vivere a turno nove notti in un posto e nove nell'altro, a Þrymheimr con lei e poi a Nóatún. E così se la cavavano ancora abbastanza bene.

Nanne

I loro nomi erano Urd (scritto anche Urdr, o Weird, che significa "passato"), Verdande ("presente") e Skuld ("futuro").

Tre esseri femminili che governano il destino di dei e uomini

Le Norne sono le dee organizzatrici o del destino della mitologia norrena, rappresentate come tre sorelle che determinano il destino degli uomini e degli dei. Come spiriti guardiani femminili ("disir"), stabiliscono il destino di ogni uomo e di ogni divinità alla nascita. Lo fanno disegnando rune nella tribù di Yggdrasil e, secondo le credenze di alcune zone, anche tessendo. Questo metodo si ritrova nelle dee della disposizione di quasi tutte le altre mitologie, come le Moere o Moira della mitologia greca. I norreni sono spesso confusi con le Walkuren, che tuttavia hanno un ruolo molto diverso nella mitologia norrena.

Le tre Norne si chiamano Urd (ciò che fu), Verdandi (ciò che nasce per essere) e Skuld (ciò che sarà). Vivono accanto al *"pozzo di Urd"* che si trovava sotto l'albero della vita Yggdrasil ad Asgard. Urd era la prima Norn e rappresentava il destino o il tempo passato. Verdandi (il *divenire*), secondo alcune fonti, simboleggia il presente, Skuld il futuro. Il trio avrebbe anche mantenuto l'albero della vita Yggdrasil spalmando argilla bianca sul legno sempre marcescente.

I loro caratteri presentano molte somiglianze con analoghe dee della disposizione presso i Romani (Parcae) e i Greci (Moirae) nell'antichità classica. Il loro servizio coincide in parte con quello del culto, presumibilmente molto antico e diffuso, della triplice dea madre, che si può ipotizzare avesse tre funzioni principali: quella di protettrice della felicità domestica, quella di patrona di un insediamento o di una tribù e quella di dea della disposizione. La differenza principale rispetto a queste dee organizzatrici dell'antichità classica è che il destino che le Norne tessono non è definitivo ma molto più dinamico e lascia molto spazio all'individuo per cambiare potenzialmente il suo destino.

Nella credenza popolare, le Norne sono sopravvissute per qualche tempo dopo l'introduzione del cristianesimo. Nel folklore scandinavo, le "norne" sono ancora note alla popolazione. Gruppi spirituali contemporanei, New Age e Ásatrú mantengono vivo questo culto, spesso mescolato a credenze contemporanee.

Nátrönd

Nella mitologia nordica, **Nástrond** (*spiaggia dei cadaveri*) è un luogo del mondo sotterraneo, il Niflheim, dove si trova la nave della morte Naglfar. Nidhogg vive lì con la sua specie e da questa riva Naglfar parte con i suoi morti verso Midgard durante il Ragnarok. Sempre su Nástrond si trova la sala della dea della morte Hel, dove i malfattori subiscono il colpo di grazia.

Odino

Chiamato anche Othin, Wotan, Woden, Wuotan, Voden o Votan.

Dio della saggezza, della guerra, della magia, della poesia, della profezia, della vittoria e della morte.

Odino (norreno antico: Óðinn, svedese e danese: **Oden**) è considerato il dio supremo o il padrino nella mitologia nordica. Queste forme derivano dal proto-germanico *Wōdanaz, da cui anche l'antico sassone **Wōdan**, l'anglosassone **Wōden**.

Odino è il dio della conoscenza, della saggezza, della battaglia, della guerra, dell'aldilà, della magia, della medicina e della scrittura runica.

La descrizione di Odino deriva principalmente dal *Gylfaginning*, una narrazione del XIII secolo dell'islandese Snorri Sturluson, in cui predomina la prospettiva cristiana. Fonti più antiche, come l'*Edda poetica,* presentano un quadro meno ambiguo.

Secondo Snorri, vive a Gladsheimr, ma risiede regolarmente anche a Valaskjálf (Asgard), dove la sua sede Hlidskjalf offre un'ampia vista sui mondi. Lì ha un'altra sala speciale, il Walhalla, con molti cancelli e coperta di scudi, dove riceve tutti i guerrieri caduti e scelti con onore.

Oltre a Frigg, sua moglie, Odino ebbe figli anche da altre donne. Tra i suoi figli vi erano Donar, Baldr, il cieco Hodr (chiamato anche Hod o Hodur) e Sigi, il capostipite della famiglia dei Völsung, a cui appartengono anche Sigmund e suo figlio Sigfrido. Nel Prologo della Prosa-Edda, Veggdegg, Saeming e Yngvi (Freyr) sono ancora menzionati come suoi figli. Con Fjorgyn (Terra) ha un figlio Thor e con una gigantessa un figlio Vidar (Dio della vendetta), che lo vendicherà nella battaglia finale. Con Rindr (terra congelata dall'inverno) ha il figlio Vali.

Studi recenti, in particolare del linguista inglese Richard North, suggeriscono che il culto di Odino/Wodan sia emerso solo molto dopo i movimenti popolari. Il dio Odino avrebbe quindi adottato le caratteristiche delle divinità precedenti, in particolare del dio della fertilità Ynvgi, ma anche del Dio cristiano. Gli autori cristiani successivi lo ritrarranno retroattivamente come un'immagine speculare negativa o pagana del dio cristiano. In particolare, l'impiccagione di Odino all'albero della vita rispecchia sia la morte di Cristo sulla croce sia la morte del traditore Giuda, che, come Odino, era raffigurato appeso a un albero.

Il nome Odino

Il nome *Wodan* per un dio capo del primo Medioevo era comune nell'Europa nord-occidentale: era reso come Odino nell'Europa settentrionale. Wodan è solitamente equiparato al dio Mercurio, come descritto da Tacito nella sua rappresentazione degli dei indigeni. Presumibilmente, però, la divinità Wodan era sconosciuta in epoca romana.

Il nome deriva dal protogermanico *wōdaz*, che significa "rabbia", "ira" o "estasi". Il nome Odino è strettamente legato a quello di un altro dio norreno, Óðr. La parola norrena óðr indica "rabbia" o "collera", ma anche "estasi", "poesia" o persino "saggezza universale", simile all'inglese antico *wōð* "canzone, poesia". *Alla base di* ciò c'è presumibilmente una parola indoeuropea *wāt^h - che si riferisce* a "eccitazione emotiva", "estasi" e "ispirazione poetica". Da questo derivano parole come il latino *uātēs* "profeta, poeta", l'inglese antico *fáith* (idem) e *fáth* "predizione", il gallese *gwawd* "poema", nonché "risentimento". Odino è quindi associato sia alla saggezza (conoscenza, sapienza, profezia, poesia e letteratura) sia alla forza (energia, battaglia e guerra).

Conoscenza e saggezza supreme

Odino era il più dotato tra loro e da lui impararono tutte - o almeno la maggior parte - delle arti, perché fu il primo a padroneggiarle tutte. E se si deve spiegare perché Odino fosse così onorato, è per le seguenti ragioni: quando sedeva con i suoi amici, era così bello e impressionante da vedere, che riscaldava il cuore di tutti (*Proza-Edda*, *Gylfaginning*, 7).

Nell'Edda Odino è il simbolo vivente del potere e della saggezza supremi. Egli stesso è nato in questa veste attraverso il gigante Ymir, al quale sono stati conferiti gli aspetti di una pianta vivente dalla quale crescono tutti i tipi di esseri, come i giganti Búri o Borr e Bestla, che a loro volta generano Odino, Vili e Vé.

> Gli ultimi tre insieme creano Midgard, un mondo in cui gli uomini possono vivere.
>
> Come materiale per questo usano il gigante primordiale Ymir, che viene sacrificato da loro. (Il cranio del gigante diventa il firmamento, trasportato da quattro nani: nord, sud, est e ovest. I cervelli diventano nuvole, le ossa montagne, ecc. Gli Alves trasformano il sangue del gigante in acqua e mare, e la sua carne in terra e argilla).

Odino ha molti volti e altrettanti nomi (cinquanta solo nel Grimnismal). È chiamato anche **Alfather**, perché è uno dei creatori del mondo. È chiamato anche "il vagabondo", perché è sempre in movimento e tra la gente, per acquisire nuove conoscenze. Può cambiare forma e quindi vive molte avventure. Non sempre ha caratteristiche facili, perché oltre a essere saggio è anche astuto.

Cedette un occhio al gigante Mímir per poter bere dal pozzo della saggezza, e ora giace in fondo al pozzo:

Quella sorgente era nel territorio di Mímir, che ne beveva ogni giorno e giocava sempre a scacchi contro se stesso. A Odino fu permesso di bere dalla sorgente a condizione che pagasse un prezzo. Odino disse che era disposto a rinunciare a un occhio per questo, e Mímir gli disse che questo era il prezzo che chiedeva. Tuttavia, Mímir non era maliziosa, voleva solo dimostrare che la saggezza ha un prezzo. Perciò si prese cura di Odino come meglio poteva. In seguito, quando il capo degli dei tornò ad Asgard, fu accompagnato da Mímir, che d'ora in poi sarebbe stato il consigliere degli dei e giocava regolarmente una partita a scacchi con Odino. Da questa avventura Odino mantenne il nome di "guercio".

La sua conoscenza del futuro tormentava Odino. Inoltre, egli si trovava di fronte alla domanda alla quale solo lui conosceva la risposta, la domanda di Odino. Il ciclo mitologico germanico era iniziato con un bagno di sangue quando Odino e i suoi fratelli, Vili e Vé, crearono il mondo umano dal cadavere del gigante di ghiaccio Ymir, e si sarebbe concluso con il bagno di sangue del Ragnarok, in cui sarebbe fluito il sangue degli stessi giganti. Il prologo del Ragnarok fu la morte di Baldr, figlio di Odino, che fece capire agli dei che l'astuzia di Loki era diventata un potere oscuro. Odino non può impedire la catastrofe. La sua unica consolazione consiste nel sapere che Baldr sarà venerato come dio supremo in una nuova terra che sorgerà dall'Uroceano.

Nella saga di Völsunga, si racconta che Odino piantò la sua spada nella canna d'ambra, la quercia alla corte del re Völsung. La spada era destinata a chiunque fosse in grado di estrarla. Solo Sigmund era in grado di farlo. Quando Sigmund combatte per la damigella Hjördis (madre di Sigfrido) con Lyngvi, un figlio del re Dogson, Odino fa a pezzi la spada di Sigmund con un'alabarda, facendo perdere Sigmund. I pezzi della spada di Odino vengono poi forgiati insieme per Sigmund dal nano Regin e con questa spada, Gram, il figlio di Sigmund, Sigfrido, riesce a sconfiggere il drago Fafnir.

Il sacrificio di Odino

Così Odino/Wodan racconta come ha acquisito le rune della saggezza:

Nove notti sono stato appeso all'albero, ferito dalla lancia dedicata a Odino. Mi sono sacrificato a me stesso.

Appeso a quell'albero, nessuno sa dove siano le radici.

Nessuno mi dava pane, nessuno mi dava acqua. Nell'abisso scrutai per afferrare le rune, con un forte grido persi i sensi.

Il benessere era la mia ricompensa e anche la saggezza. Sono cresciuta e ho avuto gioia dalla mia crescita, di parola in parola sono stata condotta alla parola, da un atto all'altro.

Come Wodan, anche Odino è noto per aver sacrificato un occhio ed essere diventato onniveggente e onnisciente proprio grazie ad esso.

Dio della battaglia e della guerra

Odino è un guerriero in molti modi. Soprattutto con le parole. L'arte della parola era molto apprezzata nella civiltà nordica. C'era una cultura pervasiva del dibattito (dove chi perdeva poteva letteralmente perdere la testa...). In realtà e in linea di principio, Wodan non è una divinità della guerra; i nostri antenati lo invocavano nella loro battaglia difensiva contro gli aggressori romani: Wodan era, è e rimane il Dio dell'Amore. Non ha mai incitato gli uomini alla guerra; l'uomo lo ha sempre fatto da solo (e di solito ha dato la colpa a Wodan/Dio).

Tuttavia, quando andava in guerra, appariva terrificante agli occhi dei suoi nemici. Questo perché conosceva l'arte di cambiare il proprio aspetto e la propria forma in molti modi, a seconda dei propri gusti. Inoltre, sapeva parlare così bene e senza intoppi che chiunque lo ascoltasse pensava che solo quello fosse la verità. Diceva tutto in versi, come si fa ancora oggi nella poesia. Lui e i suoi sacerdoti furono chiamati "creatori di versi", perché diedero inizio a quest'arte nei Paesi nordici (*Prose Edda, Gylfaginning, 8)*.

Odino è imparentato con altre divinità indoeuropee come Indra e Zeus. Ma tra gli antichi popoli nordici non esisteva un vero e proprio sacerdozio, quindi il rango o la casta dei nobili (e dei guerrieri) era il più alto. Pertanto, il loro dio supremo fungeva anche da dio della guerra e questo ruolo non era riservato a un subordinato come Marte per i Romani. Secondo Georges Dumézil, la guerra colorava e racchiudeva tutto nell'ideologia e nelle pratiche dei popoli germanici.

Odino era tenuto in particolare considerazione dai Vichinghi e il suo culto raggiunse l'apice nell'VIII e IX secolo. I rudi marinai e i predoni erano attratti dal "padre dei caduti", che ospitava gli Einherjar ("morti gloriosi") nel Valhalla.

In questo periodo, il guercio Odino sostituì presumibilmente Týr, il dio del cielo dei popoli del Nord Europa secondo i Romani. Anche Týr era un dio della guerra, ma Odino animava i guerrieri più fanatici. Poteva mettere gli uomini in uno stato di frenesia, in modo che non temessero nulla e non sentissero alcun dolore.

Odino poteva fare in modo che i suoi nemici in battaglia diventassero ciechi, sordi o pieni di paura, e che le loro armi diventassero affilate come scope. I suoi uomini combattevano senza armatura e si comportavano come cani rabbiosi o lupi, mordevano gli scudi, erano forti come orsi o tori. Uccidevano la gente e né il fuoco né il ferro potevano danneggiarli. Una cosa del genere si chiama furia berserker (*Edda in prosa, Gylfaginning*, 9).

Questi terrificanti "berserker" si tuffavano in battaglia nudi e con un forte rumore, il corpo dipinto completamente di nero. Erano un terrore per i Romani. Il nome di Odino significa anche "frenesia" o "follia", suggerendo una possessione simile a quella dell'eroe irlandese Cú Chulainn. Il fatto che Odino sia diventato il dio principale dimostra quanto la guerra fosse diventata importante per i popoli germanici. Odino, comunque, non incarnava la combattività: si limitava a inculcarla agli altri. Odino semina sempre conflitti e una volta ordinò a Freyja di far sgozzare due principi, in modo che i loro vassalli dovessero guadare pozze di sangue sul campo di battaglia. Raccogliere i guerrieri caduti nel Valhalla è l'unica strategia che può seguire in vista del crepuscolo degli dei. Ha un disperato bisogno degli Einherjar, guerrieri di parola e di fatto, per la battaglia finale contro i giganti del gelo nella Piana di Vigrid, alla quale quasi nessuno sopravvivverà.Durante il crepuscolo degli dei, anche Odino viene ucciso dal lupo divoratore Fenrir, uno dei figli di Loki. Il dio della creazione affonda con la sua creazione.

Dio della magia e della medicina

Odino è contemporaneamente il dio della saggezza e della stregoneria (conoscenza e abilità). Egli è quasi tutto per la saggezza. Tanto da aver gettato il suo unico occhio nel pozzo di Mimir in cambio di saggezza. Ricevette una prima profonda saggezza impiccandosi per nove giorni all'albero del mondo Yggdrasil. Attraverso questa morte volontaria e la successiva resurrezione (la sua iniziazione autoimposta come primo sciamano) ottenne una saggezza maggiore di chiunque altro. Il *Gylfaginning* racconta quanto segue su di lui:

- Ódin poteva cambiare forma. Allora il suo corpo giaceva come morto o addormentato, e nel frattempo si trasformava in un uccello o in un animale a quattro zampe o in un pesce o in un serpente, e così si recava alla velocità della luce in terre lontane per occuparsi dei suoi affari o di quelli degli altri. Con le sole parole poteva anche spegnere il fuoco, calmare il mare e far soffiare il vento da qualsiasi direzione volesse.

- Ódin aveva una nave chiamata *Skíðblaðnir*, con la quale navigava in grandi mari; quella nave poteva essere ripiegata come un panno.
- Òdin aveva sempre con sé la testa di Mímír, che gli forniva molte notizie dagli altri mondi. A volte risuscitava i morti dalla terra o sedeva tra gli impiccati. Per questo motivo era chiamato anche Signore dei morti o Signore degli impiccati. Possedeva due corvi che aveva imparato a parlare. Essi volavano in tutto il mondo e gli portavano molti messaggi. Grazie a tutto questo divenne estremamente saggio. Tutte queste arti le insegnò con rune e canti chiamati "canti magici". Per questo gli Æsir sono chiamati anche "maghi".
- Ódin padroneggiò l'arte che dà il massimo potere, il `seidr', e la praticò lui stesso. Questo gli permetteva di conoscere il destino delle persone e il futuro. Poteva anche causare la morte, la sfortuna o la malattia delle persone e privarle della loro mente o del loro potere per darlo ad altri. Quando questo tipo di rituale aveva luogo, era accompagnato da una tale indulgenza sessuale che si riteneva che gli uomini non potessero condurre tali rituali senza disonore, e quindi quest'arte veniva insegnata alle sacerdotesse.
- Ódin sapeva sempre dove il denaro era nascosto nel terreno e conosceva gli incantesimi con cui la terra, le montagne, le rocce e i tumuli si aprivano a lui, e con le sole parole legava coloro che dovevano custodire i tesori, entrava e prendeva ciò che voleva.
- Il popolo fece offerte a Ódin e agli altri undici principi e li chiamò i propri dei e per molto tempo credette in loro.
- Grazie a questi poteri, divenne molto famoso. I suoi nemici lo temevano, ma i suoi amici si fidavano di lui e credevano in lui e nel suo potere. Insegnò la maggior parte delle sue arti ai suoi sacerdoti. Essi erano saggi e abili nella magia quasi quanto lui. Tuttavia, anche molti altri impararono molto da loro e così le arti magiche si diffusero in lungo e in largo e continuarono per molto tempo.
- Dal nome di Ódin è derivato il nome Auðun. Il popolo diede questo nome ai propri figli, così come usò il nome di Thór in nomi come Thórir, Thórarin, Steinthór e Hafthór.

Odino, inoltre, si tiene aggiornato sullo sviluppo delle conoscenze e degli eventi nei nove mondi mandando in giro i suoi due fedeli corvi e facendoli tornare da lui.

Rune

Come già accennato, Odino si appese all'albero della vita per alimentare la sua saggezza. Una di queste cose era ottenere le rune magiche (*zippare* le *rune*). Questi segni sono costituiti da linee potenti. Questo allo scopo di disegnarle facilmente su rocce, metalli o legno. Si diceva che le rune dessero accesso alle potenti forze della natura.

- Il suo anello Draupnir è stato forgiato dai nani. L'anello produce nove anelli d'oro ogni nove giorni.
- I corvi Huginn (pensiero) e Muninn (memoria) siedono sulle sue spalle. Volano per il mondo e raccontano a Odino tutto ciò che imparano durante i loro viaggi.
- Spesso porta in mano una coppa, simbolo del cosmo (il calderone), da cui beve l'idromele chiamato Oddroerir, che fa fermentare il suo spirito e sprigiona saggezza e nuove conoscenze.
- Odino va in giro con un bastone il cui bocciolo porta costantemente foglie verdi e fiori freschi.
- Al seguito di Odino ci sono i lupi Geri (gola, avidità) e Freki (gola, avarizia) che egli nutre. Lui stesso non mangia, ma beve solo il vino.

Odino è anche associato al concetto di Caccia Selvaggia, un'orda rumorosa e ruggente che si muove nello spazio alla testa degli sconfitti (direttamente paragonabile al Rudra vedico e ai Marut).

Odino condivide la festa di Joel (21 dicembre) con il dio Ull.

Odino nel prologo della Prosa-Edda

Secondo il Prologo della Prosa-Edda, Voden (Odino) discende da Tror (Thor) dopo diciassette generazioni (Loridi, Einridi, Vingethor, Vingenir, Moda, Magi, Seskef, Bedvig, Athra-Annar, Itrmann, Heremod, Skjaldun-Skjold, Biaf-Bjar, Jat, Gudolf, Finn, Friallaf-Fridleif). Si dice che Thor sia figlio di Munon (Mennon) e Troan, la figlia di Priamo di Troia. Thor crebbe in Tracia (Trudheim) con il conte Loricus e sua moglie Lora (Glora). Odino decise di lasciare la Turchia in Asia (l'Estremo e il Medio Oriente erano considerati parti dell'Asia) e viaggiò verso nord, in Sassonia, Reidgotaland e Svezia, dove incontrò il re Gylfi. Il figlio di Odino, Veggdegg, governava la Sassonia orientale, il suo secondogenito Beldegg (Baldr) governava la Westfalia e i discendenti del suo terzo figlio Siggi (Sigi), i Völsungen, avrebbero governato la Francia. Un altro figlio di Odino, Skjold, divenne re di Reigotaland e dagli Skjoldunghi nacque la famiglia dei re danesi. In Svezia, Odino fondò Sigtun (vicino a Stoccolma). In Norvegia divenne re il figlio di Odino, Saeming, capostipite dei re norreni. Yngvi succedette al padre Odino come re di Svezia. Fu il capostipite degli Ynglingen.

Usanze religiose

Le persone veneravano le divinità nordiche in vari modi. Grandi statue di Thor, Odino e Freyr si trovavano nell'imponente tempio di Uppsala, in Svezia, dove si compivano anche sacrifici umani. Nei templi più piccoli, i sacerdoti portavano offerte di servizio, soprattutto a Thor e Freyr.

Le persone rendevano omaggio anche in modi meno drammatici: offrivano sacrifici a boschi sacri, rocce o pietre che consideravano dimora di divinità o dee protettrici. Questo tipo di sacrificio consisteva solitamente in cibo.

Costruivano anche semplici altari di pietre accatastate all'aperto. I templi erano spesso molto semplici.

Le persone sceglievano anche luoghi sacri naturali, come Helgafell (Montagna Sacra) in Islanda. Thorolf Mostur-Beard, un devoto seguace di Thor, affermava che questa montagna era così sacra che nessuno avrebbe potuto guardarla senza lavarsi e che nessuna creatura vivente vi sarebbe stata danneggiata. Lo stesso Thorolf seguì anche un'usanza diffusa gettando in mare i montanti di legno del suo seggiolone quando la sua nave si avvicinò all'Irlanda. Questo permise a Thor di guidarlo verso il luogo che sarebbe stato la sua casa.

Thorolf considerava questo luogo designato da Thor come sacro e a nessuno era permesso profanarlo con il sangue.

- Bolverk (mistificatore)
- Har (l'altissimo), Herran (Herjan, signore)
- Harbard (graybeard)
- Jafnhar (alto uguale)
- Thidi (il terzo)
- Vegtam (l'esperto di strade)
- Helafell (montagna sacra)
- Uppsala (Tempio della Svezia)
- Nikar (Hnikar), Nikuz (Hnikud)
- Fjolnir (saggio)
- Oski (appagatore di desideri)
- Omi
- Biflidi (Biflindi) (perforatore di lance)
- Svidar, Svidrir, Vidrir (sovrano del tempo)

- Jalg (Jalk)
- Fimbultyr (dio potente), voleva la creazione di Niflheim e Muspelheim

Ragnarok

La battaglia alla fine del mondo

Nella mitologia nordica, **Ragnarök** o **Ragnarok** significa "*destino delle potenze dominanti*", che storicamente è stato ridotto al significato di "caduta degli dei (e del mondo)". Ciò avverrebbe sotto forma di una battaglia finale tra giganti e dèi scatenati, in cui il gigante di fuoco Surt accende la miccia e distrugge praticamente tutto con la sua spada infuocata. Prima di allora, la maggior parte degli dei, dei giganti e dei mostri sono già morti in questa battaglia cosmica.

Ma il Ragnarok è allo stesso tempo un punto di arrivo e un punto di partenza. Dopo la battaglia, il mondo sarà devastato da disastri naturali e alla fine scomparirà nel mare, per poi riemergere ancora una volta verde sopra le onde. Gli dei rinasceranno e il mondo sarà ripopolato da due umani sopravvissuti.

Significato del nome

È necessario distinguere tra Ragnarök (o Ragnarok) e Ragnarokr (con la lettera finale), poiché vi è una sottile differenza di significato:

- **Ragnarök**: (antico norreno "*destino dei poteri*"; da *regin*, gen. pl. *ragna* = potere dominante (dio) + *rök* = causa, senso dell'origine, svolta degli eventi, come ancora colloquialmente *si dice 'den raak'*: essere toccati dal destino). Il termine *Ragnarök* indica come si comportano i poteri dominanti dall'inizio alla fine. Quindi le leggi a cui sembrano conformarsi la loro ascesa, il loro sviluppo e la loro scomparsa. Si parla in questo caso della storia e della caduta degli dèi, così come viene descritta nella Völuspá.

- **Ragnarøkkr** o *Ragnarøkr (antico norreno che significa "*caduta dei poteri*"; da *regin*, gen. pl. *ragna* = potere dominante (dio) + røkkr = oscurità, quindi estinzione, eclissi, caduta). Questo termine è nato sulla base di un'interpretazione errata di Snorri Sturluson del Völuspá, che nella sua traduzione dell'Edda in prosa scrive sempre *ragna rökr*. Ciò ha ingigantito solo questo aspetto del concetto originale, ossia la caduta degli dèi. Sulla base del lavoro di Snorri, questa sfaccettatura fu poi ulteriormente elaborata come "Götterdämmerung".

Non si tratta nemmeno solo degli "dèi", ma anche degli Æsir, dei giganti e di altre creature mitiche.

Così il loro destino diventa la loro rovina.

Sembra che ci si sia allontanati sempre di più dal concetto mitologico originario. In che misura ciò sia avvenuto sotto l'influenza del cristianesimo non è ancora stato chiarito. Ciò che è chiaro, tuttavia, è che Snorri esercitò una certa cautela di fronte al nuovo potere cristianizzato e alla mutata opinione pubblica.

Non si tratta di una lotta tra il bene e il male, come nel senso cristiano, ma di una lotta molto più grande, quella tra ordine e caos, che si fondono l'uno nell'altro. Il caos supera il cosmo per passare a un nuovo ordine di creazione.

Fattori del destino divino

1. Come discendenti di Loki e Angrboða, a causa del modo in cui gli dèi cercano di frenarli, è emerso un trio di potenti esseri non umani: Jörmungandr, Fenrir e Hel.
2. La morte di Baldr e il legame con Loki.
3. Fimbulvetr L'inverno degli inverni.

Questi sono elementi che giocano sul modo in cui il destino delle potenze si sviluppa dall'inizio alla fine. Alla fine, i giganti riprenderanno il loro pieno potere per distruggere l'ordine che gli dei avevano stabilito.

La guerra degli dei

La prima guerra nel mondo fu quella tra le due famiglie di dei, gli Æsir e i Vanen. Questa ebbe una causa: gli Æsir maltrattarono Gullveig (alias Goudroes), che portava oro al popolo. Tuttavia, gli Æsir non riuscirono a eliminare Goudroes, che possedeva il potere magico dei Vanen. È probabile che Goudroes e la Splendente intendessero la stessa dea, cioè Freya. Ma soprattutto, il grande castello degli Æsir fu distrutto dai Vani, perché gli Æsir non volevano esaudire le richieste dei Vani. I Vani erano incestuosi e quindi praticavano pratiche perniciose per gli Æsir, e quindi gli Æsir si rifiutarono di soddisfare la richiesta dei Vani di distribuire le ricchezze della terra. Questo come risarcimento per i maltrattamenti subiti dai Goudroes. Scoppia la guerra, il castello, ancora costruito da Ask ed Embla, viene distrutto.

Giuramenti

La pace fu firmata, gli Æsir inviarono Honir e Mimir ai Vanen, i Vanen inviarono Freyr, Njord e Freya agli Æsir per ratificare la pace.

C'è un'altra versione di questa parte della storia: Mimir (Mijmeraar) fu decapitato e la testa fu restituita agli Æsir.

Ma la cosa più importante è che un gigante, un hrimthurs, si è offerto di ricostruire Asgard, a condizione di avere Freya come moglie. Gli Æsir accettano, a patto che la fortezza sia terminata entro sei mesi. Il gigante inizia così a costruire e, con grande sgomento degli Æsir, l'intero castello viene completato con tre giorni di anticipo, mancando solo il cancello.

Loki inventa però uno stratagemma. Il gigante costruisce la fortezza con l'aiuto di uno stallone e Loki attira lo stallone trasformandosi in una giumenta. Quando il gigante capisce che c'è lo zampino di Loki, si infuria. Allora viene chiamato Thor, che senza esitare mette a terra il gigante, ignaro di tutta la faccenda. Con un colpo di Mjolnir, colpisce il gigante a morte. Ma gli Æsir hanno ormai infranto il loro giuramento, cosa imperdonabile nella cultura nordica, e questo è diventato un difetto di costruzione che ha portato alla fine del mondo.

Il destino, la morte di Balder

Che il mondo sarebbe morto era certo fin dalla creazione dei primi esseri, nell'antico mondo di ghiaccio, vuoto e fuoco. Tuttavia, con la rottura del loro giuramento, gli dèi si sono coinvolti in questo destino, e la morte di Balder lo ha suggellato.

Infatti, un secondo evento che causa la fine dei tempi è l'assassinio di Baldr, figlio di Odino e Frigg, un essere di luce, innocenza e perfezione. La madre voleva rendere il bambino quasi invulnerabile. Così c'era una vulnerabilità (che ha fatto cadere anche eroi come Achille e Sigfrido). Aveva chiesto a tutte le creature, agli alberi e alle piante la promessa di non fare mai del male a suo figlio. Ma aveva dimenticato il vischio, un legno debole. Loki cerca il punto fragile, travestito da donna anziana, e ne fa conoscere il significato a Frigg. Usa Hodr, il fratello cieco di Baldr, come strumento e gli fa scoccare una freccia di vischio aiutandolo a prendere la mira.

Baldr non può andare a Valhöll perché non è morto onorevolmente sul campo di battaglia, quindi deve andare a Hel (il mondo sotterraneo "ordinario").

Frigg implora tutto il mondo di permettere a Baldr di tornare di nuovo nel mondo, in modo da poter andare a Valhöll. La condizione di Hel è che tutti gli abitanti della terra debbano essere in lutto. Ma c'è un gigante che rifiuta il lutto, su istigazione di Loki.

Ma la morte di Balder avrebbe portato alla creazione di un nuovo mondo, dopo la caduta. Forse anche questo ha giocato a favore di Loki, quando ha fatto uccidere Balder facendo scoccare al cieco Hodr la freccia di vischio contro il fratello invincibile, per così dire, per il gioco, con Loki che lo aiutava a prendere la mira.

Dopo il ragnarök, Balder sarebbe risorto e sarebbe diventato il capitano del nuovo mondo. Mentre Loki era visto come Terminator (era un dio del fuoco e la terra sarebbe stata bruciata dalla spada infuocata di Surt), Balder potrebbe essere visto come Beginner, e forse le somiglianze tra Gesù e Balder hanno portato a una più rapida accettazione del cristianesimo. Anche Balder sarebbe risorto.

Lo scenario

Il Ragnarok sarà preceduto da Fimbulvetr. Tre inverni consecutivi senza un'estate di mezzo portano alla scomparsa di ogni moralità e allo scoppio di conflitti e faide.

Infine, il lupo Sköll o Skalli e suo fratello Hati divoreranno Sól (il Sole) e suo fratello Mani (la Luna), dopo averli cacciati per secoli. Le stelle scompaiono dal firmamento e il mondo viene avvolto da una completa oscurità.

Nel frattempo, il mondo tremerà così violentemente che tutti gli alberi saranno sradicati, tutte le montagne crolleranno e ogni pneumatico e laccio delle scarpe salterà, liberando Loki e anche suo figlio, il lupo Fenrir, si libererà delle sue catene. La bocca bavosa di questo terribile lupo si spalancherà a tal punto che la sua mascella inferiore raschierà il suolo e quella superiore il cielo. E se c'è spazio, sbadiglierà ancora di più. Le fiamme danzano nei suoi occhi ed escono dalle sue narici.

Mentre la terra si allaga, la nave urta la zattera di Naglfar, costruita con le unghie delle mani e dei piedi dei morti. Il serpente di Midgaard emerge dal fondo dell'oceano sulla terraferma e, scuotendosi e radicandosi, fa sì che il mare lo sommerga. A ogni respiro emette veleno, bruciando la terra e l'aria.

Eggther, guardiano degli Jötun, siederà sulla sua tomba aperta strimpellando la sua arpa, con un sorriso cupo. Il gallo rosso Fjalar canterà per i giganti e il gallo d'oro Gullinkambi per gli dei. Un terzo gallo, rosso ruggine, risusciterà i morti nella dimora di Hel.

In tutto questo tumulto, i figli di Muspell si fanno avanti di corsa, con Surt in testa. Tentano di attraversare il ponte Bifröst, che però crolla. Anche Garm, il mastino infernale che era diretto a Gnipahellir, si libera. Si spostano quindi nella piana di Vigrid e incontrano il Lupo di Fenris, il Serpente di Mezzaluna, Loki, Hrym (il timoniere di Naglfar), tutti gli Hrimthursen (giganti a cavallo) e il seguito di Hels. Lì si dispongono in posizione di battaglia.

Allora Heimdall si alza e con tutta la sua forza suona il corno di Gjallar così forte da essere udito da tutti i nove mondi. Tutti gli dei si svegliano e si riuniscono immediatamente per deliberare. Odino cavalca Sleipnir fino al pozzo di Mimir per chiedere consiglio.

A quel punto, Yggdrasil, l'albero del mondo (di cui la Via Lattea costituisce i rami superiori), dalla radice alla cima della chioma, diventa febbrile e ruggente. Tutto sulla terra, in cielo e all'inferno trema.

Battaglia finale

Gli Æsir e tutti gli Einherjar (gli eroi di Valhöll caduti in battaglia) si armano per la battaglia. Odino cavalca in testa con la sua lancia Gungnir, il suo elmo d'oro e la sua magnifica armatura, seguito da questo esercito di 432.000 eroi (800 da ciascuna delle 540 porte di Valhöll)).

Nella battaglia che segue, Freyr combatte contro Surtr, perdendo perché (secondo un altro mito) ha dato via la sua spada a Skirnir. Garm, il mastino infernale, si impadronisce di Tyr e Tyr lo uccide, ma viene ferito a tal punto da vivere solo fino a quando il mondo viene distrutto dal fuoco. Thor riesce a uccidere il serpente di Midgaard con il suo martello Mjolnir, ma a soli nove passi dal serpente muore a causa del suo veleno.

Odino combatte a lungo contro Fenrir con la sua lancia, ma alla fine viene inghiottito dal lupo. Vidar allora mette il piede sulla mascella inferiore con la suola della sua scarpa di cuoio salvato e strappa la mascella superiore con la mano, uccidendo Fenrir. Loki combatte contro Heimdall e i due si sconfiggono a vicenda.

Infine, Surt diffonde il fuoco nei nove mondi, distruggendo tutto in un incendio globale del mondo. Alla fine la struttura terrestre sprofonda completamente nell'oceano primordiale.

Ma l'equilibrio tra ordine e caos viene poi ristabilito, in modo che il padrino Fimbultyr possa permettere la nascita di un mondo completamente nuovo, in cui i figli di Thor, Magni e Modi, si incontrano con il figlio di Odino, Vidar, e Vali, in un nuovo paradiso corrispondente alla precedente Asgard. Baldr e Hodr tornano dal regno di Hel.

Dopo Ragnarok

Il grano maturerà sui campi che non sono mai stati seminati. Il prato di Idavoll, sul sito dell'ormai distrutta Asgaard, è stato risparmiato. Il sole riemerge come Sol prima di essere nuovamente inghiottito da Sköll, mentre dà alla luce una figlia, bella e forte come lei. Quella figlia continuerà il suo cammino nel cielo.

Alcuni dei sopravvivono alla prova del fuoco: Vili, fratello di Odino, Vidar e Vali, figli di Odino, Móði e Magni, figli di Thor, che ereditano il martello magico del padre, e Hœnir, che brandisce il bastone e predice ciò che deve accadere. Baldr e suo fratello Hodr, morti prima del Ragnarok, torneranno dall'antica dimora di Hel e risiederanno nell'antica sala del padre Odino, il Valhalla in cielo. Al loro incontro sull'Idavoll, questi dei si siederanno insieme e discuteranno delle loro conoscenze nascoste, tra cui le malattie di Jörmungandr e Fenrir. Nell'erba ondeggiante troveranno i giochi di scacchi d'oro che appartenevano agli Æsir e li guarderanno meravigliati. (Delle dee, nessuna è stata esplicitamente menzionata, ma si presume che Frigg, Freya e la maggior parte degli altri Vanir sopravviveranno).

Due persone sfuggiranno alla distruzione finale del mondo nascondendosi nelle profondità di Yggdrasil, dove la spada di Surtr non può distruggere. Si tratta di Lif e Lifthrasir (*Vita* e *Vivacità*). Quando appaiono dal loro nascondiglio, vivono di rugiada mattutina e ripopolano il mondo umano. Onoreranno il loro nuovo pantheon, guidato da Baldr.

Rimarranno molte sale per ospitare le anime dei defunti. Secondo la Prosa-Edda, esiste un altro cielo a sud di Asgard, chiamato Andlang, e un terzo ancora più in alto, chiamato Vidblain. Si tratta di spazi al riparo dal fuoco di Surtrs. Secondo entrambe le Edda, il luogo migliore dopo il Ragnarok è Gimle, un edificio più bello del sole, con il tetto d'oro, nel cielo. Lì gli dei vivono in pace con se stessi e tra loro. Ci sarà una sala Brimir, una sala sull'Okolnir ("*mai freddo*"), dove vengono servite molte buone bevande. E poi ci sarà Sindr, una sala eccellente, fatta interamente d'oro rosso su Nidafjoll ("le montagne scure"). In essa dimoreranno le anime dei giusti.

Infine, la Prose Edda menziona Náströnd ("*spiaggia del corpo*" o *spiaggia del cadavere*). Un luogo altrettanto ampio e sfavorevole negli inferi, dove non penetra la luce del sole, con tutte le porte rivolte a nord, le pareti e i tetti fatti di serpenti intrecciati, con la testa rivolta verso l'interno, che sputano così tanto veleno da scorrere come fiumi. Questo è il luogo attraverso il quale i giuramenti, gli assassini e i flirtatori professionisti devono guadare per sempre.

E nel luogo peggiore di tutti, Hvergelmir, il calderone rumoroso cosmico, il drago Nidhoggr - un'altra potenza superstite del Ragnarok - farà il diavolo a quattro sui corpi dei morti succhiandone il sangue.

L'intera storia, tuttavia, non è il resoconto di una fine definitiva in un cosiddetto "crack finale", ma il riflesso di una visione ottimistica del corso ciclico delle cose. Dopo ogni ciclo, è avvenuta un'epurazione e, con la conoscenza e l'esperienza generate, si fa un nuovo "tentativo" cosmico con ciò che essenzialmente rimane sempre.

Ratatoskr

Nella mitologia nordica, **Ratatosk è lo** scoiattolo che trasmette i messaggi tra l'aquila Vidofnir, che siede in alto nell'albero Yggdrasil, e il drago Nidhogg, che rosicchia le radici dell'albero. Ratatosk corre avanti e indietro tra i due per trasmettere maledizioni all'uno e all'altro. Grímnismál lo cita nel verso 32.

In origine, Ratatosk era visto come il messaggero. Le descrizioni successive aggiunsero che egli distorceva anche i messaggi di Nidhogg e dell'Aquila, seminando così discordia tra i due bantam. Il suo soprannome divenne quindi "Seminatore di torsioni".

Sif

Dea del raccolto e della terra

Sif (che significa: *Sibbe*) nella mitologia nordica è l'Asin dell'agricoltura e della fertilità. È figlia di Odino e moglie di Thor.

Insieme ebbero una figlia Thrud ("forza") e un figlio Modi. Il veloce arciere Ullr, figlio di una precedente relazione, li portò in sposa.

I capelli d'oro rappresentano probabilmente il mais maturo.

Sigi

Il capostipite della stirpe dei Volsung

Nella mitologia nordica, **Sigi** è il nonno di Völsung, il capostipite della famosa stirpe dei Völsung, a cui appartengono Sigmund e suo figlio Sigurd. Secondo la Völsunga saga, Sigi è figlio di Odino e padre di Rerir. Fu ucciso dai suoi cognati.

Nel prologo dell'Edda in prosa, si dice che governò Frakland (la terra dei Franchi). E il suo nome ricorre nel Nafnapulur, l'ultima parte dello Skáldskaparmál della stessa Proza Edda. La Völsunga saga menziona Hunaland, che si riferisce sia ai territori dei Franchi (*Hugones* in latino, *Hugas* in inglese antico) sia a quelli degli Unni.

Sigi, uno dei figli di Odino, uccise lo schiavo Bredi durante una caccia al cervo perché aveva abbattuto più animali di lui. Sigi seppellì Bredi in una montagna di neve, ma l'omicidio si avverò e dovette lasciare la terra. Odino gli diede una nave e dei compagni per pietà e Sigi governò il regno unno altrove, finché non fu ucciso dai fratelli di sua moglie. Quando tornò da un viaggio lontano, suo figlio Rerir scoprì l'accaduto, si vendicò e divenne il nuovo sovrano.

Sigyn

Si scrive anche Siguna.

Dea della terra

Sigyn o *Sigunn*, nella mitologia nordica, è la moglie del dio Æsir Loki, da cui ebbe due figli, Narfi e Vali.

Infine, quando Loki fu legato a tre rocce dagli Æsir per impedirgli di commettere altri misfatti dopo aver ucciso Baldr, fu lei a cercare di alleviare le sue sofferenze. Invece di abbandonarlo, andò con una coppa a prendere il veleno pungente che colava da Jormungandr su di lui. Ogni volta che la coppa era piena, Sigyn doveva lasciarlo per un attimo per andare a svuotarla e il veleno gli colava negli occhi.

Secondo alcune fonti, il significato del suo nome è "Datore di vittoria".

Sleipnir

Sleipnir è uno stallone a otto zampe della mitologia nordica, immensamente forte e il più veloce cavallo esistente. È il cavallo di Odino e, secondo la tradizione, lo ha portato attraverso i cieli e negli inferi. Sleipnir è il figlio di Loki e Svadilfari. Si dice che Sleipnir abbia fatto l'Islanda durante il suo primo passo sulla terra.

Sleipnir avrebbe poi ucciso anche la "sorella" Hel, ma viene mangiato durante il Ragnarok (la fine dei tempi) dal "fratello" Fenrir, il lupo gigante. Tutti i figli di Loki hanno una cosa in comune: sono mostri, anche se Sleipnir è l'unica creatura buona. Odino avrebbe poi vinto Sleipnir durante una gara con un gigante.

Nascita di Sleipnir

Quando il dio del tuono Thor stava distruggendo i giganti del nord, un gigante di ghiaccio travestito venne a offrirsi ad Asgaard. A condizione che gli venissero dati il sole e la luna e che gli fosse permesso di fare di Freya la sua sposa, avrebbe restaurato le mura distrutte di Asgaard in sei mesi. Gli dei accettarono, supponendo che il gigante non avrebbe mai potuto portare a termine quell'arduo compito in così poco tempo. Nel farlo, il gigante di ghiaccio chiese di poter usare il suo cavallo, Svadilfari, per questo scopo. Fu Loki ad acconsentire, prima ancora che gli altri dei potessero rispondere.

Quando il gigante aveva quasi terminato la fortezza fino a tre giorni prima del tempo - doveva solo aggiungere il cancello - gli dei erano furiosi con Loki. Dopo tutto, avrebbero perso il sole, la luna e Freya, e volevano torturare Loki per sempre. Loki, tuttavia, escogitò uno stratagemma. Si trasformò in una giumenta bianca e attirò Svadilfari lontano dal gigante di ghiaccio. Quest'ultimo si infuriò a tal punto che iniziò subito a demolire di nuovo le mura di Asgaard. In quel momento Thor tornò e colpì a morte il gigante con il suo martello Mjölnir.

In seguito, Loki diede alla luce Sleipnir, discendente di Loki e del cavallo Svadilfari.

Sol e Mani

Personificazione del sole e della luna

Sól è annoverata tra le Asinnen. Questa dea del sole della mitologia nordica, come suo fratello il dio della luna (Máni), è inseguita dai lupi. Sól cavalcava ogni giorno sul suo carro trainato dai due cavalli Arvak e Alsvid. Era inseguita dal lupo Sköll, che voleva divorarla. Durante un'eclissi solare, si pensa che Sól sia stata quasi mangiata da Sköll. Alla fine Sól sarebbe stata inghiottita, ma il suo posto sarebbe stato preso dalla figlia.

Il sole stesso era chiamato Alfrodull, che significa tanto quanto "Alfenrad". Nelle credenze norrene, il sole stesso non dava luce; questa veniva data dalle lune Alsvid e Arvak.

Il nome antico norreno *Sól* significa "sole". Nella mitologia germanica, il secondo incantesimo di Merseburg menziona *Sunna* (antico alto tedesco per "sole"). Inoltre, è conosciuta anche come *Sunne*. Il suo nome anglosassone è *Sigel*.

Sól è la figlia della gigantessa Mundilfari, sposata con Glaur. Era sposata con Glenr.

La terra è protetta dal calore del sole da Swalin, che si frappone tra Sól e la terra come uno scudo.

Máni

Máni è la personificazione della luna nella mitologia nordica. Il termine antico norreno *máni* significa semplicemente "luna".

Nel Vafþrúðnismál e nel Gylfaginning, Mundilfari è suo padre e Sól, il sole, è sua sorella. Snorri Sturluson racconta nel Gylfaginning che il lupo Hati insegue la luna attraverso il cielo e alla fine la divora. Il lupo Sköll divorerà poi il sole (Sól).

Surtr

Surt (in norreno antico *surthr* "il nero"; anche *Surtr*, *Surtur*), nella mitologia nordica, è il gigante del fuoco che vive a Muspelheim. Egli custodisce l'ingresso di questo mondo di fuoco con la spada fiammeggiante Surtalogi, che in seguito incendierà il mondo. Sua moglie si chiama Sinmore. Surt è talvolta considerato il figlio di Svart ed è il nemico numero uno delle Ceneri.

Nella storia della creazione dell'Antico Norreno, Muspel è menzionato come sovrano di Muspelheim; probabilmente sono identici. Nel Ragnarök, divide con la sua spada di fuoco il ponte Bifröst, il collegamento tra Midgard e Asgard. Con i figli di Muspel (i *Surts*), dà fuoco al mondo, scagliando il fuoco in tutte le direzioni e distruggendo ogni forma di vita (Fuoco del Mondo). In seguito uccide in duello il disarmato Freyr, dio della fertilità e della vita.

I testi conosciuti non parlano mai delle sue origini. Sembra che sia sempre stato lì. Le fiamme, invece, sono all'origine della creazione, perché quando il fuoco di Muspelheim incontrò le nebbie di Niflheim, fornirono la genesi dell'ermafrodito Ymir e della mucca primordiale Audhumla.

Svartalfer

Nella mitologia nordica, gli **svartalfer** (elfi neri, solitamente tradotti come elfi notturni) sono la controparte degli elfi chiari. Gli elfi chiari vivono ad Alfheim, gli svartalfer a Svartalfheim.

Secondo la mitologia nordica, gli *svartalfer* sono malvagi. Hanno l'aspetto di esseri umani, ma sono neri come la notte.

Gli svartalfer sono spesso confusi con i nani e il loro regno con il regno dei nani, Nidavellir. Tuttavia, ci sono delle differenze distinte. Per esempio, i nani - a differenza degli elfi notturni - sono generalmente benigni. Inoltre, i nani vivono a Nidavellir, non a Svartalfheim. Nel folklore inglese, gli elfi notturni erano chiamati "goblin", che si traduce come uomini della terra. Dopo la cristianizzazione dei Vichinghi, con la quale anche la loro mitologia cadde nell'oblio, il goblin inglese continuò a esistere, ma la sua malvagità andò scemando nel tempo, fino a diventare solo un fastidioso burlone.

Svaðilfari

Svadilfari (che significa "Viaggiatore sfortunato") è un cavallo gigante della mitologia nordica che poteva lavorare come nessun altro. È anche il padre di Sleipnir.

Un giorno gli dei decisero che l'Asgard doveva essere protetto da un muro. Tuttavia, essi stessi non volevano iniziare questo enorme lavoro. Allora si presentò un gigante disposto a fare il lavoro. Propose di completare l'opera in tre anni e mezzo, ma in cambio gli dei dovettero dargli in moglie Freya, la dea dell'amore.

Gli dei pensarono dapprima che si trattasse di una proposta oltraggiosa (erano affezionati alla loro dea dell'amore), ma alla fine decisero di lasciar fare il lavoro al gigante su consiglio di Loki. Quest'ultimo suggerì che il gigante iniziasse i lavori, ma poiché tre anni e mezzo sarebbero stati troppo pochi, avrebbero potuto sbarazzarsi del gigante dopo questo periodo e avrebbero dovuto finire solo una parte del muro.

Questo, tuttavia, era al di là del cavallo del gigante. Svadilfari si dimostrò così forte che il lavoro procedette a un ritmo impressionante. Poiché gli dei non volevano perdere la "loro" Freya, fu necessario escogitare un piano. Loki si salvò e si trasformò in una giumenta. Di notte attirò Svadilfari in quel modo e lo privò del sonno.

Durante il giorno, lo stallone era così stanco che lavorò molto più lentamente. In questo modo, il gigante non riuscì a completare il lavoro entro il tempo stabilito e gli dei si liberarono di lui.

Tuttavia, la cavalla Loki era incinta di Svadilfari e Wodan vietò a Loki di riprendere la sua forma normale e gli ordinò di completare la gestazione e di mettere al mondo il puledro. Questo puledro divenne il famoso stallone a otto zampe Sleipnir di Wodan.

Tanngrisnir e Tanngnjóstr

Nella mitologia nordica, **Tandgniostr** e **Tandgrisnir** (*macina-denti* e *macina-denti*, chiamati anche **Tanngnjóstr** e **Tanngrisnir**) sono le due capre o i due cervi che trainano il carro di Thor.

Thor può mangiare le capre e poi rimettere le ossa nella loro pelle. Con Mjölnir, riporta in vita gli animali magici il mattino dopo, in modo che possano trainare di nuovo il carro.

In *Thor e Loki a Jotunheim,* le capre vengono macellate da Thor. Il giorno dopo le riporta in vita, ma una delle capre si rivela paralizzata. Con uno stratagemma di Loki, Thialfi ha succhiato il midollo da un osso. Il contadino dona quindi i suoi figli Thialfi e Röskwa come espiazione per essere servitori di Thor.

Thor

Si scrive anche Thorr, Thunor, Thonar, Donar, Donner, Thur, Thunar o Thunaer.

Dio della forza, della protezione, della guerra, delle tempeste, dei tuoni e dei fulmini.

Thor (runico: þonar ᚦᛟᚾᚨᚱ), nella mitologia germanica continentale **Donar**, in norreno antico Þórr, in sassone antico **Thunaer** o **Thunar**, noto anche come Stavo, è il dio del tuono nella mitologia nordica e germanica. Era figlio di Odino e della dea della terra Fjorgyn.

Da bambino era forte e, inoltre, difficile da allevare. Per questo motivo, fu allevato da due spiriti del fulmine, Vingnir e Hlora. Divenne un uomo enorme, quasi un gigante, con una forza uguale, e il suo martello Mjölnir lo rese ancora più forte.

Thor fece amicizia con Loki e il suo passatempo preferito era uccidere i giganti. Rappresenta l'ordine di fronte al caos.

Storie

Questi due tratti si riflettono entrambi nella Þrýmskviða, in cui il gigante Þrymr ruba il martello di Thor. Þrymr è disposto a restituirlo solo se ottiene in moglie Freya, la dea della fertilità. Questo ovviamente è impossibile, senza Freya non arriverebbe mai l'estate (i Teutoni conoscevano solo l'estate e l'inverno), e così Loki escogita un piano. Prese in prestito il vestito di piume di Freya e lo fece indossare a Thor. Vestito da donna, Thor, insieme a Loki, si recò a Útgard, nella terra degli Jötun, dove furono accolti calorosamente da Þrymr, poiché quest'ultimo pensava che Thor fosse Freya; così quella parte del piano riuscì. Ma Thor mangiò e bevve così tanto che i giganti se ne accorsero. Loki, tuttavia, spiegò che Freya era così contenta di sposare il famoso Þrymr che non aveva mangiato per sette giorni e sette notti. Poco dopo, quando i giganti furono abbastanza ubriachi, chiese di dare il martello e allora Thor colpì a morte tutti i giganti presenti.

Tyr racconta a Thor del calderone di Hymir e i due incontrano la nonna di Tyr con novecento teste. Entrambi vengono nascosti dalla donna quando Hymir torna a casa e segue un banchetto. Thor mangia due tori. Tuttavia, deve procurarsi il cibo il giorno successivo e cattura un drago (o serpente), il serpente di Midgaard Jormungandr, con la testa di un bue. Poi Thor deve rompere una coppa, ma non ci riesce. Seguendo il consiglio della donna, lancia la coppa contro la testa del gigante e l'oggetto si rompe. Thor, insieme a Tyr, porta a casa il calderone.

Anche nell'Hymiskviða, un'altra canzone dell'Edda, si trovano alcune storie forti su Thor. Anche lì si fa notare come un mangiatore eccessivo. Forse ha questa caratteristica per dimostrare che in realtà non è inferiore ai giganti, che sono Jötnar (mangiatori) e Thursten (bevitori) di tutto ciò che è disponibile. In Thor e Loki a Jotunheim, a Thor e Loki vengono affidati compiti impossibili.

In Alvíssmál, un nano (Alvis, detto Alwis) si fidanza con Þrúðr (la figlia di Thor). Quando Thor torna a casa dopo otto mesi, non lo trova un compagno adatto a lei. Decide di fare delle domande al nano e il nano gli risponde. Poi il sole sorge e il nano si pietrifica.

Wodan (nei panni del traghettatore Barbacapelli o Barbagrigia) incontra Thor quando vuole attraversare il fiume. A Barba di Capello è consentito traghettare le anime oneste solo sulla barca di Lupo da Battaglia. Thor afferma di essere il figlio di Wodan, di aver ucciso il gigante Berggevaarte e di aver vinto molte altre battaglie. Wodan racconta le sue avventure con le donne. Dopo una lunga discussione piena di ridicolo, continua a rifiutarsi di portare Thor dall'altra parte del fiume.

Il Mjolnir di Thor

Si scrive anche Mjollnir.

Il martello magico di Thor

Mjölnir, **Mjöllnir** o **Mjollnir** nella mitologia nordica è il martello da guerra di Thor, il dio del tuono. Il martello fu realizzato per lui dai nani Brokkr ed Eitri, che costruivano oggetti magici per gli dei. Il significato del nome è controverso e va da "polverizzatore" a "fulmine".

Caratteristiche

Si diceva che Mjölnir non mancasse mai il bersaglio e che, una volta lanciato, tornasse nella mano destra di Thor, che indossava un guanto di ferro. Si dice anche che il martello fosse così pesante che solo Thor stesso poteva sollevarlo. Facendo oscillare rapidamente il martello, rilasciandolo e afferrandolo all'ultimo momento, Thor poteva "volare" e quindi spostarsi su grandi distanze, anche avanti e indietro da Asgard, il regno degli dei norreni. Grazie a Thor, che era anche il protettore del matrimonio, il Mjölnir era visto anche come simbolo del matrimonio e persino come simbolo erotico.

Il Mjollnir era molto temuto dai giganti di ghiaccio, nemici degli dei, perché Thor aveva distrutto con esso molti giganti di ghiaccio, tra cui il grande gigante Hrungnir.

Il potere del Mjölnir era conosciuto e temuto anche dai giganti dell'Utgard, poiché Thor aveva colpito con crescente ira tre profonde valli della loro terra, pensando di punire l'insolente gigante Skrymir.

Secondo la canzone eddica Þrýmskviða, il Mjölnir fu rubato dal gigante Þrymr, che pretese il matrimonio con la dea Freya come ricompensa per il martello. Thor si travestì allora da Freya e Loki da suo servitore. Per due volte Þrymr quasi scoprì di essere stato ingannato, ma alla fine mandò a prendere Mjölnir, al che Thor uccise il gigante e il suo seguito.

Secondo le credenze popolari, tuonava e si illuminava ogni volta che Thor lanciava il suo martello. Il martello doveva essere uno dei tre doni perfetti per gli dei, ma si dice che il manico del martello fosse troppo corto di un pollice, perché Loki, travestito da calabrone, trafisse il nano Brokkr in fronte durante la sua fabbricazione.

Origine

Il motivo del Mjölnir come causatore di fulmini è presente in tutta l'Europa settentrionale, cioè tra i Celti, i Teutoni, i Balti e gli Slavi. Ad esempio, la parola *Mjölnir* è legata al norreno *myln* "fuoco", al gallese *mellt*, *mellen* "fulmine", al prussiano *mealde* "fulmine" e al russo *mólnija* "fulmine". In lettone esiste la parola *milna* "martello del dio del tuono Perkuns", che concorda bene con Mjölnir sia nella forma che nel significato. Gli indoeuropeisti ipotizzano quindi che le varie parole risalgano a un'unica forma primordiale, ovvero *meld^{h}nio-* o *mld^{h}nieh$_2$-*. Lo stesso vale per le divinità del tuono associate, con il sottostante ipotetico dio del tuono indoeuropeo Perkwunos.

Il nome *Mjölnir* è stato anche interpretato etimologicamente come "macinatore" nel senso di "pietra da macinare", in quanto polverizza completamente ciò contro cui viene rivolto.

Simbolismo

Il Mjölnir veniva contemporaneamente portato al collo come amuleto per simboleggiare Thor (vedi immagine). Esistevano (ed esistono tuttora) diverse forme di amuleti a forma di martello, come il *Martello di Schonen*.

Nel periodo di transizione dal paganesimo al cristianesimo, in Scandinavia sono stati ritrovati amuleti che potevano essere visti come una croce o un martello di Thor. In quei tempi di transizione, l'amuleto di Thor (il martello di Thor) era visto pubblicamente come un segno di adesione all'antica fede.

Tyr

Dio della guerra, della giustizia in battaglia, della vittoria e della gloria eroica.

Týr (pronuncia *tuur*) è il dio della giustizia nella mitologia nordica. È figlio di Odino e Frigg.

Nome

Il nome antico norreno *Týr* è la continuazione della parola germanica primitiva (ricostruita) **Tīwaz*. In inglese antico era chiamato *Tīw* o *Tīg*.

I nomi germanici del martedì derivano spesso dai nomi di questo dio.

Parentela

Týr è apparentemente al di fuori delle relazioni familiari degli dèi dell'Antico Nord: una moglie non è quasi mai menzionata nella letteratura dell'Antico Nord e c'è ambiguità riguardo a suo padre.

Caratteristiche

Týr è il dio che sta dietro alla runa dal nome simile, o runa *T* (una freccia rivolta verso l'alto). La runa *T* appartiene a Týr e rappresenta la giustizia, la disciplina, il sacrificio di sé ed è una runa guerriera.

Týr è il padre del cielo e personifica il sole. Inoltre, in quanto dio della spada e della lancia, Týr è anche il dio della guerra. Týr fornisce giustizia, onore, coraggio e saggezza in battaglia. Poiché Týr fornisce giustizia, è anche il dio della "cosa" (l'assemblea del popolo germanico).

Týr era una delle principali divinità germaniche all'inizio della nostra era, paragonata a Zeus nella mitologia greca. Più tardi - all'epoca dei Vichinghi - passò un po' in secondo piano. Odino divenne il dio più popolare e quindi più importante. Alla fine dei tempi (Ragnarok), Týr ucciderà il mastino infernale Garmr.

Poiché un tempo Týr era un dio così importante, è probabile che sia la continuazione di una divinità indo-germanica più antica. Tuttavia, il collegamento con i nomi delle divinità Zeus e Dyaus e con parole come il latino "deus" e il francese "dieu" (per "dio") non è così trasparente da parlare di una parentela immediata.

Edda

Nell'Edda, Týr racconta a Thor del calderone di Hymir e i due incontrano la nonna di Tyr con novecento teste. Entrambi vengono prima nascosti dalla donna quando Hymir torna a casa e segue un banchetto. Thor mangia due tori. Tuttavia, deve procurarsi il cibo per il giorno successivo e cattura un drago (o serpente) con la testa di un bue. Poi Thor deve rompere una coppa, ma non ci riesce. Seguendo il consiglio della donna, lancia la coppa contro la testa del gigante e l'oggetto si rompe. Thor, insieme a Tyr, porta a casa il calderone.

Equivalenti

Il dio greco Ares, Ziu e Marte.

Saxnôt

Il romano Tacito, nella sua *Germania* (ca. 98 d.C.), paragonava le divinità germaniche a quelle romane. Così Wodan (Odino) era visto come

Mercurio (quindi mercoledi/mercoledì/mercoledì); Donar (Thor) era paragonato a Ercole (figlio di Giove) (giovedì/giovedì) e Tiwaz (il sassone Saxnôt) a Marte (martedì/martedì).

Tyrfing

Tyrfing era una spada magica citata in un poema della saga di Hervarar.
Il nome è usato anche per riferirsi ai Goti e il nome *Tervingi* fu usato dai
Romani nel IV secolo.

Svafrlami, nipote di Odino, era re dei Gardariki. Riuscì a catturare i nani
Dvalin e Durin quando lasciarono la roccia in cui vivevano. Li costrinse a
forgiare una spada con un'elsa d'oro che non avrebbe mai mancato il
bersaglio, che non si sarebbe mai arrugginita e che avrebbe tagliato la
pietra e il ferro con la stessa facilità dei vestiti.

I nani costruirono questa spada che scintillava e brillava come il fuoco. Per
vendetta, però, maledissero la spada in modo che ogni volta che veniva
estratta qualcuno dovesse morire a causa sua. Si diceva anche che fosse
la causa di tre grandi mali. La maledizione significava anche che la spada
sarebbe stata la causa della morte di Svafrlami stesso.

Quando Svafrlami venne a conoscenza della maledizione, cercò di
uccidere Dvalin, ma il nano scomparve nella roccia e la spada si conficcò
nelle pietre, mancando il bersaglio.

Svafrlami fu ucciso dal berserker Arngrim, che gli sottrasse la spada.
Dopo Arngrim, la spada fu portata dai suoi figli Angantyr e dai suoi undici
fratelli. Furono tutti uccisi a Samsø dal campione svedese Hjalmar e dal
suo fratello giurato norvegese Orvar-Odd. Hjalmar, tuttavia, ferito da
Tyrfing, ha solo il tempo, prima di morire, di intonare il suo canto di morte
e di chiedere a Orvar-Odd di portare il suo corpo a Ingeborg a Uppsala.

Figlia di Angantyr e di sua moglie Tofa, Hervor è cresciuta come serva
della gleba, senza sapere nulla della sua discendenza. Quando viene a
conoscenza della sua discendenza, tuttavia, si arma come fanciulla dello
scudo e si reca a Munarvoe, a Samsø, alla ricerca della spada nanica
maledetta. Alla fine la trova e dopo molte battaglie guerriere si stanca
della vita da guerriera e sposa Hofund. Hanno due figli: Heidrek e
Angantyr. Durante una lite, Heidrek uccide il fratello Angantyr con una
pietra. Suo padre Hofund lo espelle, ma Hervor dà segretamente la spada
Tyrfing al figlio.

Heidrek divenne re dei Goti conquistandoli al re Harald. Dalla figlia Helga
ebbe un figlio che chiamò come il nonno: Angantyr. Ebbe anche un altro
figlio da Sifka, figlia del re unno Humli: Hlöd e un'altra figlia da Hergerd,
figlia del re Hrollaug: Hervör.Durante un viaggio, Heidrek si accampò

vicino ai Carpazi. Era accompagnato da nove servitori. Mentre Heidrek dormiva, però, i servi fecero irruzione nella sua tenda, presero Tyrfing e uccisero Heidrek. Questa fu l'ultima delle tre azioni malvagie di Tyrfing. Il figlio di Heidrek, Angantyr, catturò gli schiavi, li uccise, prese la spada e la maledizione fu annullata.

Angantyr divenne il successivo re dei Goti, ma il suo fratellastro illegittimo Hlod (Hlöd, Hlöðr) chiese la metà del regno. Angantyr rifiutò e Gizur rimproverò Hlod di essere un bastardo e sua madre una schiava. Hlod e 343 200 unni a cavallo invasero il regno. Gli Unni sono molto più numerosi dei Goti, ma questi ultimi vincono perché Angantyr usa Tyrfing per uccidere suo fratello Hlod. L'enorme quantità di cadaveri intasa i fiumi provocando un'alluvione che riempie le valli di cadaveri di uomini e cavalli.

Ull

Si scrive anche Ullr.

Un dio associato agli sci e alla prua

Ullr (antico norreno, chiamato anche Ull, Holler, Oller, Uller o Vulder, antico alto tedesco *Wulder*) è nella mitologia nordica l'undicesimo Ase e dio dell'inverno, della caccia, dei duelli, dei prati e dei campi. È un arciere e un abile giocatore così bravo che nessuno può competere con lui. È bello da vedere e un guerriero eccezionale. È bene invocarlo in un combattimento a duello.

Ullr vive nella sua sala autocostruita Ydalir (valle del tasso)

I ricercatori sospettano che si tratti di una divinità molto antica, sottolineando il suo rapporto con la magia. In molte regioni, Ullr era venerato come dio principale. (Phillipson, "Die Genealogie der Götter")

Appare in tempi successivi nell'Edda come figlio di Sif e figliastro di Thor.

Nel XX secolo, Ullr è stato riscoperto e portato ancora oggi in forma di medaglione come talismano dagli sciatori. Il medaglione è solitamente ricavato dalla rosa delle corna di un cervo o di un cervo. Viene trafitto e fissato alla cintura dagli escursionisti con cinghie di cuoio.

La nota di Snorri che uno scudo può essere chiamato anche *nave di Ullr* è ulteriormente supportata da connotazioni come *askr Ullar*, *far Ullar* e *kjóll Ullar*, che significano tutte "*nave di Ullr*" e si riferiscono a scudi. L'origine di questa denominazione non è nota, ma potrebbe essere legata all'identità di Ullr come dio dello sci. I primi sci, o pattini, deriverebbero da scudi. Una composizione islandese più tarda, *Laufás-Edda*, fornisce la spiegazione prosaica che la nave di Ullr si chiamava "*Skjöldr*", scudo.

Di conseguenza, il nome di Ullr compare più spesso negli annunci di guerra:

> *Marchio Ullr* - Ullr di spada - guerriero

> *bordo-Ullr* - scudo-Ullr - guerriero

> *Ullr almsíma* - Ullr dell'arco - guerriero

Tre poemi skalden, Þórsdrápa, *Haustlöng* e un estratto di Eysteinn Valdason, fanno riferimento a Thor come patrigno di Ullr e confermano le informazioni di Snorri.

Útgarðar

Útgard (o Buitenplaats) nella mitologia nordica è l'area estremamente rarefatta di Jotenheim, il castello dei Thursen e degli Joten. Si racconta che questo luogo fosse buio e probabilmente freddo, perché i giganti si pietrificavano alla vista del sole.

In *Thor e Loki a Jotunheim,* gli dei insegnano che Útgard era un'illusione creata dai giganti per spaventarli.

Valhalla

La sala dei guerrieri caduti

Valhalla (dall'islandese antico *Valhöll*) significa letteralmente *Sala (höll, halla) per i caduti (fall, shore)*. Nella mitologia nordica, il Valhalla era un paradiso speciale riservato ai caduti in battaglia. Per i Vichinghi, essere uccisi in battaglia era il più alto onore che un uomo potesse ottenere.

Secondo i Vichinghi, il Valhalla era il regno del dio Odino. I Vichinghi credevano che gli eroi di Odino (einherjar) morissero ogni giorno in battaglia per essere portati dal campo di battaglia al Valhalla la sera dalle Walkuren, le ancelle di guerra di Odino. Qui venivano trattati con carne di maiale (i cinghiali Andrimner, Särimner ed Eldrimner) e vino al miele. Ogni mattina i guerrieri tornavano in battaglia per essere uccisi di nuovo.

I Vichinghi erano convinti che il Valhalla fosse un'enorme sala situata ad Asgard. Le sue dimensioni erano fenomenali. Secondo il Grimnismál, il Valhalla avrebbe avuto 540 sale con 540 porte. Da ogni porta potevano attaccare 800 guerrieri (432.000 guerrieri). Le pareti erano costituite da lance, il tetto era fatto di scudi e sulle panche c'erano le armature. Davanti alle porte occidentali erano appesi dei lupi con sopra un'aquila grondante di sangue. Il Valhalla era circondato dal fossato Tund (fiume di fuoco) e sorvegliato dal lupo mannaro (lupo umano) Tjodvitner, che pescava esseri umani nel fiume. Sul tetto c'erano un cervo, Spina di Quercia, e una capra, Heiðrun, ed entrambi mangiavano dall'albero Læraðr (che è spesso considerato l'albero del mondo Yggdrasil). La capra Heiðrun produceva l'idromele che i guerrieri bevevano. Dalle corna del cervo gocciolava l'acqua di Laerad a Hvergelmir, la fonte di tutte le acque. Anche alcuni caduti soggiornarono a Vingólf ("casa amica").

Wodan (con l'aiuto della donna della terra Strife Joy e del serpente Doorbek) recuperò la bevanda ringiovanente della pioggia primaverile per il Valhalla dopo che i giganti l'avevano rubata.

Non tutti i caduti andarono a Odino, Freya ricevette metà dei caduti, che vennero a Folkvangr (Campo del Popolo).

Oltre al Valhalla, esisteva un altro regno dei morti, il Niflhel, destinato ai malati, agli anziani, alle donne e agli uomini morti di morte naturale. Questo mondo era guidato dalla dea Hel. L'ingresso era sorvegliato dal cane Garmr.

Vali

Dio della vendetta

Vali era figlio di Odino e destinato a vendicare la morte di Balder uccidendo Hodr.

Passò da neonato ad adulto in un giorno e uccise Hodr all'istante. Con il fratellastro Vidar, sopravviverà al Ragnarok.

Questo Vali viene spesso confuso con un altro Vali, figlio di Loki e Sigyn e fratello di Narfi. Questo Vali fu trasformato in un lupo bavoso che morse alla gola Narfi.

Valchirie

**Bellissime fanciulle che scelgono gli eroi da uccidere in battaglia
e li conducono nel Valhalla**

Le **Walkuren** (in norreno *valkyrjar*) sono dee della battaglia della mitologia
nordica. In origine erano dee della morte e della guerra, che percorrevano
i campi di battaglia in groppa a segugi infernali alla ricerca di eroi abbattuti
(caduti) da servire come messaggeri per Odino prima della battaglia finale
durante il ragnarok.

Alla fine, le Valchirie si sono evolute nella cultura popolare da brutte
streghe a belle fanciulle. Erano le serve o le figlie di Odino e indossavano
bellissime armature con elmi e lance e sedevano su cavalli con le ali.

Sebbene le Walkur siano spesso viste come dee che imbracciavano le
armi, non combattevano in prima persona. Almeno, non ci sono scritti noti
che descrivano la partecipazione delle Walkur alla battaglia. Il loro compito
era quello di visitare i campi di battaglia, scegliere il guerriero più eroico
(ucciso) e portarlo nel Valhalla. Solo i guerrieri più coraggiosi venivano
scelti e godevano di una buona vita nel Valhalla fino alla battaglia finale, il
ragnarok.

Scegliere i più coraggiosi tra i guerrieri era un inutile tentativo di Odino di
vincere la battaglia finale. Quando i Walkuren non cercavano eroi sul
campo di battaglia, avevano anche altri compiti. Per esempio, servivano
gli eroi nel Valhalla.

Finché le Walkur fossero rimaste vergini, sarebbero rimaste immortali e
invulnerabili. Il riflesso della loro armatura provocava l'aurora.

Vanaheimr

Vanaheim (in norreno *Vanaheimr*) era il regno dei Vanir (divinità della fertilità) o Wanen. Erano il ramo più antico delle due famiglie di dei della mitologia nordica. L'altro ramo, più giovane, era quello degli Aesir (divinità della battaglia) o Ceneri, che vivevano ad Asgard, lontano da Vanaheim.

Poco dopo la creazione, i Vanir e gli Aesir combatterono per la supremazia. Dopo la vittoria degli Aesir, la pace fu stabilita grazie allo scambio di alcuni dei di entrambe le parti. I Vanir inviarono ad Asgard il dio del mare Njörðr e i suoi due figli Freyr e Freya, nonché il saggio Kvasir. Gli Aesir inviarono Hœnir e il saggio Mímir a Vanaheim.

Vanir

Una razza di divinità norrene che guerreggiò contro gli Aesir e poi si riconciliò con loro.

I **Wanen**, chiamati anche *Vanir* o *Vanen*, sono i seguaci di Vili e Ve nella mitologia nordica. Si oppongono agli Æsir. Entrambe queste famiglie di dèi sono sorte dopo che Odino, Vili e Ve hanno creato il mondo. Odino non era ancora soddisfatto, ma lo erano i suoi fratelli, che volevano girare intorno alla loro creazione. Così furono create le due "famiglie di dèi".

In seguito ci sarebbero stati litigi tra le due famiglie perché gli Æsir volevano costruire un muro per proteggere Asgaard. I Wanen non lo volevano perché avrebbe ostacolato il loro libero passaggio. Infatti, i Wanen si spostavano, non rimanevano in un posto. Così nacque una guerra tra gli Æsir e i Wanen.

Periodicamente, le due famiglie si riconciliano e alla fine viene creato Kvasir per aiutarle a mantenere la pace, agendo come "mediatore" tra le due famiglie.

Inoltre, le due famiglie si scambieranno "ostaggi". Alcuni degli Æsir vivranno con i Wanen e viceversa. Ad esempio, Njord con la figlia Freya e il figlio Freyr si trasferiranno negli Asgaard e Hœnir, tra gli altri, ha iniziato a viaggiare con i Wanen.

Caratteristiche

I Wanen sono divinità della fertilità, del mare e dell'abbondanza. Mentre gli Æsir erano visti come divinità che agivano in modo distinto e spesso erano in guerra, i Wanen erano considerati ricchi, generatori di ricchezza, modelli di fertilità, felicità e pace e, insieme agli Æsir, di unità.

Possiedono una profonda conoscenza delle arti magiche e conoscono anche il futuro. Si dice che Freya abbia insegnato la magia agli Æsir.

Praticavano l'endogamia e persino l'incesto, che era proibito tra gli Æsir. Ad esempio, Freyr e Freyja erano figli di Njord e di sua sorella (vedi Nerthus).

I successivi conflitti con i cristiani che cercavano di convertire il Nord pagano si rivelarono spesso intrattabili a causa dei culti che circondavano questi Wan. In questi culti, le tribù nordiche avevano scelto i Wanen o gli Æsir, o talvolta entrambi. Nelle regioni in cui prevalevano la pesca e la navigazione, si optava più spesso per i culti Wanen.

Posizione

La residenza principale, la patria, dei Wanen è Vanaheim, uno dei tre "mondi superiori". Ma nella mitologia nordica, la vera presenza degli dèi si vede sparsa intorno all'albero della vita Yggdrasil, che si estende per tutto il cosmo (vedi: cosmogonia nordica).

Delusioni o Alves

L'Edda fornisce una possibile identificazione dei Wanen con gli elfi (Alven o Alfar), poiché cita spesso "gli Æsir e i Wanen" e "gli Æsir e gli Alven" per designare "tutti gli dei". Sia Wanen che Alven erano forze della fertilità e quindi questa intercambiabilità suggerisce che i Wanen fossero in realtà sinonimi degli elfi. È possibile che i nomi di entrambe le specie riflettano una differenza di status, con gli elfi come divinità della fertilità minori rispetto ai Wanen come divinità della fertilità più distinte. In questo modo, Freyr sarebbe il sovrano naturale degli elfi ad Alfheim.

Cronologicamente, gli elfi potrebbero anche risalire a un'epoca precedente, dopo la quale sono stati gradualmente e solo parzialmente sostituiti dalle Delusioni, un insieme più marcato di pulsioni individualizzate basate sulla fertilità.

La rivisitazione contemporanea di una religione nordica incentrata sulle Delusioni è talvolta indicata come **Vanatrú**.

Delusioni e ospiti in fila

- Freyja
- Freyr
- Gerd
- Gullveig, Quando gli Æsir la trattarono male causò la guerra tra gli dei
- Hœnir, un ostaggio di Ase
- Mímir, un ostaggio di Ase
- Kvasir
- Lýtir
- Njǫrðr
- Skaði
- Ran
- Atla

Vidar

Dio della vendetta

Vidar o **Widar,** nella mitologia nordica secondo lo Skáldskaparmál
(seconda parte della Prosa-Edda), era un dio silenzioso della foresta che
viveva da solo (dio del silenzio e della vendetta). Era l'unico figlio di Odino
e di Grid e viveva a Vidi o a Landwidi ("*Landwidi*"), dove tutto era tranquillo
e silenzioso, con alti cespugli ed erba alta. Secondo alcune fonti, il suo
palazzo era fatto di foglie.

Vidar è il secondo dio più forte. È descritto come "*il dio silenzioso*". Nella
LokÆsirna, è l'unico nella sala di Aegir a essere risparmiato dall'ira di
Loki. Come Vali, anche lui è un dio della vendetta.

Il suo destino era quello di vendicare il padre con il Ragnarok. Infatti,
Odino sarebbe stato ucciso dal lupo Fenrir e Vidar avrebbe ucciso Fenrir a
mani nude, mettendo il piede nella bocca della bestia e spaccandola. Per
farlo, aveva una speciale scarpa con la punta di ferro che, secondo la
leggenda, era fatta con i pezzi di pelle che le persone avevano tagliato per
tenere libere le dita dei piedi e i talloni. Vidar era uno dei pochi dei
destinati a sopravvivere al Ragnarok.

Secondo il Völuspá, invece, egli usa la spada per uccidere il lupo
conficcandola direttamente nel suo cuore.

Dopo il Ragnarok, avrebbe vissuto nel mondo insieme ai suoi fratelli Balder, Hodr e Vali.

Vili & Ve

Divinità della Terra

Vili, nella mitologia nordica, è il fratello di Odino e Vé.

Secondo alcuni racconti, sarebbero nati dall'ascella di Ymir; secondo altri, invece, sarebbero figli di Borr e Bestla, ipotesi più generalmente accettata. In questo racconto, i due giganti sarebbero stati liberati dal ghiaccio dalla mucca primordiale.

Furono i primi dei, i creatori del mondo. Uccisero il gigante di ghiaccio Ymir e dalle parti del suo corpo crearono il mondo. I popoli Ask ed Embla furono creati con i pezzi di legno che i tre dei trovarono sulla spiaggia.

A un certo punto, Vili e Ve pensarono che fosse sufficiente, mentre Odino non era ancora soddisfatto. Qui avvenne la separazione degli dèi in due "famiglie": gli Æsir o *Asir*, seguaci di Odino, e i Vani o *Vanir*, seguaci di Vili e Ve (in un poema islandese dell'Edda, Vili è chiamato anche Honir e Ve Lodur). Dopo la vittoria degli Æsir, entrambe le famiglie di dèi (gli Æsir e i Vani) inviarono due dei loro all'altra. Gli Æsir ricevettero Freya e Freyr, i Vani Mímir e Honir (o Vili). Questa coppia ricevette inizialmente un caloroso benvenuto dai Vani, ma ben presto giunsero alla conclusione che lo scambio non era stato vantaggioso per loro. Vili era straordinariamente indeciso, esprimendo apertamente la sua opinione solo in assenza di Mímir. I Vanir ebbero l'impressione che Mímir dovesse servire come voce e mente di Vili; pertanto decapitarono Mímir e riportarono la sua testa ad Asgard. Anche se la battaglia non si riaccese, si creò una frattura tra gli Æsir e i Vanir, con il risultato che l'importanza dei Vanir continuò a diminuire. Anche in epoca vichinga, la distinzione tra Vanen e Æsir era confusa.

Vé

Nella mitologia nordica **Vé** era un vorstreus, figlio di Borr e di Bestla e fratello di Odino e Vili.

Secondo alcuni racconti, sarebbero nati dall'ascella di Ymir; secondo altre narrazioni, sarebbero figli di Borr e Bestla, ipotesi più generalmente accettata.

Lui e i suoi fratelli hanno ucciso il gigante di ghiaccio Ymir e hanno creato il mondo di Ginungagap con le parti del suo corpo. A un certo punto, Vé e Vili pensano che il mondo sia finito, ma Odino vuole andare oltre. Qui le due famiglie si dividono: gli Æsir, i seguaci di Odino, e i Wanen, i seguaci di Vé e Vili. I Teutoni stessi facevano poca distinzione tra le due famiglie.

In alcune versioni di questo mito, Vé è chiamato *Lodur* o *Lother*.

Lodur ha dato calore ed essenza ad Ask ed Embla, vedi Voluspá.

Yggdrasil

Yggdrasil è l'albero del mondo nella cosmogonia nordica. Il nome si traduce letteralmente come "cavallo di Yggr" o "cavallo di Odino" e si riferisce alla feroce forza vitale che lo trasporta e lo porta ovunque.

L'Yggdrasil è l'albero della vita e della conoscenza, il simbolo della forma infinitamente ramificata di ciò che è. Allo stesso tempo, porta e collega i mondi come un asse mondiale (axis mundi). Questo indica allo stesso tempo la via verso l'alto, la via che lo sciamano segue per entrare nel regno degli dei e degli spiriti. Egli arriva dal mondo sotterraneo attraverso il mondo umano fino al mondo degli dei e degli eroi.

Frassino o tasso?

In passato si è spesso pensato che l'Yggdrasill fosse un frassino gigante (Fraxinus Excelsior). Molti studiosi sono oggi concordi nel ritenere che in passato sia stato commesso un errore nell'interpretazione degli scritti antichi e che l'albero sia molto probabilmente un tasso (Taxus baccata). Si dice che l'errore abbia avuto origine da una parola alternativa per il tasso in norreno antico, ovvero "frassino" (*barraskr*). Inoltre, fonti antiche, tra cui l'Edda, fanno riferimento a una *vida vetgrønster* che significa "albero sempreverde". Il frassino, tuttavia, perde le foglie in inverno, mentre il tasso conserva gli aghi.

In passato gli alberi di conifere erano spesso considerati sacri perché non perdono mai il loro verde. L'albero della vita non era solo un simbolo delle storie, ma anche i seguaci delle religioni della natura si riunivano intorno a un antico albero. Gli sciamani cadevano in trance e lì venivano raccontate le storie dell'Edda. Nelle giornate calde il tasso emette la taxina gassosa, una sostanza che può provocare allucinazioni nelle persone o addirittura evocare un'esperienza di pre-morte in cui la mente può temporaneamente abbandonare il corpo. Questo si può riconoscere anche nella storia di Odino che, dopo essere rimasto appeso "senza vita" all'albero per nove giorni, ricevette la sua rivelazione sulle rune.

Rispetto al frassino, il tasso ha una vita molto più lunga. L'età del pino di Fortingall, in Scozia, è stimata in oltre 2.000 anni. Secondo l'esperienza della gente di allora, alberi così vecchi erano immortali e quindi considerati alberi sacri.

Etimologia e significato

Ygg significa *il terribile* e *drasill* è *cavallo (mezzo di trasporto), potenza di cavallo. Yggr* è visto come un epiteto di Odino, che gli conferisce il significato di "stallone di Odino". Il cavallo era l'animale preferito dagli sciamani per viaggiare tra i diversi mondi, sottolineando la connessione tra i nove diversi mondi che Yggdrasill collega.

Inoltre, il *cavallo* come simbolo archetipico mitologico diffuso, secondo Carl Gustav Jung, ha il doppio significato di *forza portante* (che porta ovunque) e *forza motrice* (deriva naturale). Quindi, il fatto che Yggdrasil sia identificato anche con il cavallo di Odino può indicare che questo simbolo denota la **naturale deriva perpetua** che si dirama quasi all'infinito nell'espressione di molti mondi. In fondo, è anche questo impulso o spinta naturale sempre presente, Yggrasil, l'albero della vita, che sopravvive alla fine dei mondi (Ragnarok) e fornisce un nuovo inizio.

Inoltre, secondo Jung, il fatto che il cavallo sia *sotto il* cavaliere spiegherebbe anche la sua associazione con il potere naturale delle *pulsioni* (psichiche) inconsce. In effetti, Odino stesso è associato alla *conoscenza e alla saggezza* che diventano dinamiche attraverso le pulsioni e le guideranno nella giusta direzione. Questa combinazione rende Odino un fervente guerriero in parole e azioni.

Un altro significato di *ygg* è *eterno*, *grandioso* o *antico/senza tempo*. Odino è anche chiamato yggjung (vecchio-giovane).

I nove mondi che collegano Yggdrasill

1. Asgaard, il mondo delle Ceneri
2. Álfheimr, il mondo degli elfi della luce
3. Muspelheim, il mondo del fuoco
4. Vanaheim, il regno degli dei della fertilità; i Vanir
5. Midgard, il mondo degli uomini
6. Jötunheim, il mondo degli Jötun
7. Niflheim, il regno delle nebbie; qui dimorano i morti
8. Svartalfheim (o Nidavellir), il mondo degli elfi o dei nani neri
9. Helheim, la residenza della dea Hel

Abitanti dell'albero: Creature mitiche

- In alto nello stemma, l'aquila bicefala Viðofnir veglia come simbolo di luce e chiarezza onniveggente. Con le sue ali, egli porta il vento sui mondi.

- In alcune rappresentazioni sono presenti anche un gallo sveglio e due falchi che avvertono gli dei in caso di pericolo. In altre rappresentazioni, il falco Vedrfolnir siede sulla fronte dell'aquila o addirittura nel suo occhio.
- Sotto i ramoscelli si riuniscono gli dei.
- In fondo alle radici si agitano i serpenti primordiali Góinn e Móinn, discendenti di Grafvitnir (Lupo della Tomba), e il drago Nidhogg (simbolo del potere oscuro) mangia la radice.
- Intorno al tronco vivono quattro cervi con grandi corna ramificate, Dáinn, Dvalinn, Duneyrr e Duraþrór. Si nutrono della corteccia, delle foglie inferiori e dei frutti.
- Lo scoiattolo Ratatoskr è un messaggero tra i mondi, più o meno come Hermes per Zeus, che cammina costantemente su e giù. Ma suscita tensioni tra il mondo superiore e quello inferiore.
- I danni causati a Yggdrasil da alcune bestie vengono riparati dalle Norne. Queste tre donne si trovano alle radici.

Abitanti dell'albero: gli dei

La maggior parte degli dei risiede ad Asgard, alcuni anche altrove.
Vedi ancheSchema *generale* delle divinità germaniche

L'albero della vita sopravvive al Ragnarök

Yggdrasil è anche al centro del mito del Ragnarök. Quando l'albero della vita inizia a tremare, si avvicina la fine del mondo. Gli unici due sopravvissuti umani (ce ne sono anche tra gli dèi), Lif (vita) e Lifthrasir (brama di vita), possono fuggire nascondendosi tra i rami di Yggdrasil, dove si nutrono della rugiada mattutina e godono della protezione dell'albero:

> *Il fuoco ardente non li brucerà, non li sfiorerà nemmeno, e il loro cibo sarà la rugiada del mattino.*
> *Attraverso i rami vedranno un nuovo sole che si accenderà quando il mondo finirà e ricomincerà.*